# Melhores Poemas

# TORQUATO NETO

Direção de Edla van Steen

# Melhores Poemas

# TORQUATO NETO

Seleção de
**CLÁUDIO PORTELLA**

© Thiago Nunes, 2016

1ª Edição, Global Editora, São Paulo 2018
1ª Reimpressão, 2022

**Jefferson L. Alves** – diretor editorial
**Gustavo Henrique Tuna** – editor assistente
**Flávio Samuel** – gerente de produção
**Flavia Baggio** – coordenadora editorial
**Jefferson Campos** – assistente de produção
**Fernanda Bincoletto** – assistente editorial e revisão
**Alice Camargo** – preparação de texto
**Eduardo Okuno** – projeto gráfico
**Agsandrew/Shutterstock** – foto de capa

CIP-BRASIL. CATALOGAÇÃO NA PUBLICAÇÃO
SINDICATO NACIONAL DOS EDITORES DE LIVROS, RJ

T64m

    Torquato Neto, 1944-1972
        Melhores poemas Torquato Neto/Torquato Neto; seleção Cláudio Portella. –
1. ed. – São Paulo: Global, 2018.

    ISBN 978-85-260-2380-2

    1. Poesia brasileira. I. Portella, Cláudio. II. Título.

17-44928                                                         CDD:869.1
                                                                          CDU:821.134.3(81)-1

Obra atualizada conforme o
NOVO ACORDO ORTOGRÁFICO DA LÍNGUA PORTUGUESA

# global
editora

**Global Editora e Distribuidora Ltda.**
Rua Pirapitingui, 111 — Liberdade
CEP 01508-020 — São Paulo — SP
Tel.: (11) 3277-7999
e-mail: global@globaleditora.com.br

 globaleditora.com.br     @globaleditora

 /globaleditora     @globaleditora

 /globaleditora     /globaleditora

 blog.grupoeditorialglobal.com.br

 Direitos reservados.
Colabore com a produção científica e cultural.
Proibida a reprodução total ou parcial desta
obra sem a autorização do editor.

Nº de Catálogo: 3934.POC

**Cláudio Portella** (Fortaleza, 1972) é escritor, poeta, crítico literário e jornalista cultural. Autor dos livros *Bingo!* (2003; segunda edição, 2015), *Melhores poemas Patativa do Assaré* (2006; edição e-book, 2012), *Crack* (2009; segunda edição, 2015), *fodaleza.com* (2009), *As vísceras* (2010), *Cego Aderaldo* (2010), *O livro dos epigramas & outros poemas* (2011), *Net* (2011), *Os papéis que meus pais jogaram fora* (2013), *Cego Aderaldo: a vasta visão de um cantador* (2013; edição e-book, 2014), *Elíptico* (2014), *O livro das frases & outros diálogos* (2014), *Picos Hotel* (2015), *Fraturas de relações amorosas* (2016), *O panfleto das frases & demais textos* (2016) e *Paraphoesia* (2017). Ganhou o concurso de contos da União Brasileira de Escritores em Nova York (Ubeny).

# POESIA E VIDA DA CABEÇA PENSANTE DA TROPICÁLIA

## A imagem refletida

Dividir o que é poesia e o que é letra de música da obra de Torquato Neto é trabalho possível, mas nada esclarecedor. Conforme José Miguel Wisnik, ele é o primeiro poeta a unificar a densidade entre a poesia escrita e a cantada. Assim sendo, todos os textos selecionados também são poemas.[1]
Em Torquato, a criação nasce do registro da manifestação. Toda e qualquer manifestação. Não vou longe. Pegue-se Geleia Geral, coluna que assinou no jornal *Última Hora*. É ululante que Geleia Geral quer dizer Tudo Tudo. Na coluna, Torquato escreve realmente sobre tudo. Não é apenas um retrato do Rio da época. É um copidesque do Brasil do final dos anos 1960 e começo dos 1970.
Muitos literatos embrenham-se no jornalismo, construindo um texto carregado de referências literárias. Torquato fez o caminho inverso, levou o jornalismo para a literatura. Notem que suas canções estão permeadas de enlevos jornalísticos:

*Na geleia geral brasileira*
*Que o Jornal do Brasil anuncia*

*É bumba-iê-iê-boi*
*Ano que vem, mês que foi*
*É bumba-iê-iê-iê*
*É a mesma dança, meu boi* ⎦ Refrão

*É a mesma dança na sala,*
*no Canecão, na TV*
*E quem não dança não fala*

---
1 KRUEL, Kenard. *Torquato Neto ou A carne seca é servida*. 3. ed. Teresina, PI: Zodíaco, 2016.

> *Assiste a tudo e se cala*
> *Não vê no meio da sala*
> *As relíquias do Brasil:*
> *Doce mulata malvada*
> *Um elepê de Sinatra*
> *Maracujá mês de abril*
> *Santo barroco baiano*
> *Superpoder de paisano*
> *Formiplac e céu de anil*
> *Três destaques da Portela*
> *Carne-seca na janela*
> *Alguém que chora por mim*
> *Um carnaval de verdade*
> *Hospitaleira amizade*
> *Brutalidade e jardim*
>
> ("Geleia Geral" – Gilberto Gil/Torquato Neto)

A letra acima é um texto dissertativo típico de jornal em que os fatos de um país tropical são descritos localizando-os em tempo e espaço. Sabemos que tempo e espaço são noções elementares da imprensa escrita, na qual tudo é situado e datado: ano *que vem*, mês *que foi – é a mesma dança* na sala, no Canecão, na TV – *não vê* no meio da sala – *maracujá*, mês de abril – *carne--seca* na janela.

Outra indicação é a frase *brutalidade e jardim*, sendo *brutalidade* a notícia inexorável, e *jardim* a poesia que transcende a notícia. O axioma é tão provável que o título da canção virou coluna de jornal.

Escrevia não apenas pelo compromisso profissional, mas pela necessidade, orgânica, de se manter vivo. Seu pai, Heli da Rocha Nunes, num papo que tivemos, disse: "Ele quando nasceu já tinha tendência para o suicídio". Deixou diversos escritos.

Era um burilador, subvertedor da palavra. Via-as como facas lançadas por atiradores inábeis. Notem sua perquirição incansável no poema-prosa "Sugesta":

*Quando eu a recito ou quando eu a escrevo, uma palavra – um mundo poluído – explode comigo e logo os estilhaços desse corpo arrebentado, retalhado em lasca de corte e fogo e morte (como napalm), espalham imprevisíveis significados ao redor de mim: informação. Informação: há palavras que estão no dicionário e outras que eu posso inverter, inventar. Todas elas juntas e à minha disposição, aparentemente limpas, estão imundas e transformaram-se, tanto tempo, num amontoado de ciladas.*

A preocupação com a palavra leva-o à procura de soluções para inquirições (de toda ordem) do seu fazer poético, como também para adequações textuais. Uma dessas soluções é a colagem. Creio que devido ao cineasta e artista gráfico que fora, utilizou a colagem na elaboração de alguns poemas. No livro *Os últimos dias de Paupéria* há amostras desse manuseio.

Ensaístas veem o jornalismo de Torquato como (em analogia à personagem de Nosferatu, que ele interpretou num filme em super-8) um vampiro que não tem sua imagem refletida no espelho, um duplo de si.

Não consigo vislumbrar tal duplicidade; o texto frenético, fluido, coloquial, encontra seu par no lírico, no que por vezes chamamos poesia. Verifiquemos um trecho da letra "Domingou":

> quem tiver coração mais aflito
> quem quiser encontrar seu amor
> dê uma volta na praça do Lido
> ê esquindô, ê esquindô, ô esquindô-lê-lê
> quem quiser procurar residência
> quem está noivo, já pensa em casar
> já pode olhar o jornal, paciência
> tra-lá-lá tra-lá-lá ê ê
> o jornal de manhã chega cedo
> mas não traz o que eu quero saber
> as notícias que leio conheço
> já sabia antes mesmo de ler ê ê
>
> qual o time que você quer ver
> que saudade, preciso esquecer

é domingo ê ê
domingou meu amor

("Domingou" – Gilberto Gil/Torquato Neto)

Vemos na letra dicotomias referentes/poéticas: *quem tiver coração mais aflito/ quem quiser encontrar seu amor*, para depois, *dê uma volta na praça do Lido – o jornal de manhã chega cedo/ mas não traz o que eu quero saber/ as notícias que leio conheço*, aí vem a função poética, *já sabia antes mesmo de ler ê ê*. Ou seja, o Nosferatu-Torquato-Jornalista, ao olhar-se no espelho, vê, refletida, a imagem do poeta. Seu outro eu é o vate.

E é justamente o vaticínio, a outra face de Torquato (longe e tão próxima do músico e do jornalista), que busco desmistificar nesta antologia.

## Em si maior

Torquato Pereira de Araújo, neto (isso mesmo, com minúscula e vírgula) deixou a vida em 10 de novembro de 1972. Morria o compositor, poeta, jornalista e papa da Tropicália. Morria ali um jovem que erguia e desmoronava pilares, que com arguta inteligência transava todas, desde a formatação de um movimento estético-cultural, que foi a Tropicália, passando pela música, o jornalismo e desaguando no cinema udigrúdi, no qual, com uma super-8 na mão e sem uma ideia muito clara na cabeça, fazia-se cinema de primeira.

Recusava-se a encarar um mundo careta. Sua procura por ampliar as fronteiras da alma o levaria à dependência química, da qual procurou se livrar recorrendo a sanatórios, naquele tempo vistos como única solução para a desintoxicação.

Lembro de uma história contada pela Olga Savary, esposa do Jaguar, na época, que dizia que Torquato, enfurecido, na redação de *O Pasquim*, deu um forte empurrão em seu marido, o que resultou na fratura de uma perna do Jaguar. Esse era Torquato Neto, o piauiense que não levava desaforo de ninguém e que cobrava explicações não só do fato, mas também da coisa, de qualquer coisa que cheirasse a vanguarda.

Em carta (a mim endereçada em abril de 2000), o jornalista e musicólogo Ary Vasconcelos conta sobre seu encontro com Torquato Neto. Ary era jornalista musical da famosa revista *O Cruzeiro*, quando Torquato, em visita à redação da revista, se depara com ele e os dois conversam bastante sobre música. Na carta, Ary fala que era visível a genialidade de Torquato. O musicista Ary Vasconcelos foi responsável por vários dos textos da coleção MPB, da Editora Abril, comercializada nas bancas de revista. A afamada coleção ajudou a cunhar de vez a sigla MPB.

Seria uma estratégia fácil classificar a opção de Torquato por encurtar sua vida como um ato motivado por um desejo de celebrização de sua figura. Nada da ladainha do poeta que morre jovem buscando a consagração antes das rugas. O que quis foi dar as pistas para a maturidade de sua geração – a qual, sem o seu suicídio, jamais pararia para uma prova dos nove.

## Em lá maior

Um dos principais letristas do Tropicalismo, sua arte não se limitava ao logogrifo da forma, pairava o ideológico. Torquato foi para a Tropicália, para darmos uma ideia de sua importância lançando mão de um movimento artístico com o qual dialogou, o que Glauber Rocha foi para o Cinema Novo. Escrevia letras como se fossem poesias, e poesias como se fossem letras. Tinha esse dom, tanto suas letras possuíam a verbalização inerente às poesias, como suas poesias a musicalidade intrínseca às letras. Exemplo dessa dádiva é o poema "Go back" (em português: "Voltar"), que os Titãs musicalizaram, melhor dizendo, "instrumentalizaram", dezoito anos depois:

### Go back

*Você me chama*
*Eu quero ir pro cinema*
*você reclama*
*meu coração não contenta*
*você me ama*
*mas de repente a madrugada mudou*
*e certamente*
*aquele trem já passou*
*e se passou*

*passou daqui pra melhor
foi!*

*Só quero saber
do que pode dar certo
não tenho tempo a perder*

"Go back", a canção, é uma compilação de dois poemas. O primeiro, "Go back" (que deu nome ao disco gravado pelos Titãs em 1988), e o segundo, "Andarandei", que é justamente a segunda parte da música.

## Andarandei

*não é o meu país
é uma sombra que pende
concreta
do meu nariz
em linha reta
não é minha cidade
é um sistema que invento
me transforma
e que acrescento
à minha idade
nem é o nosso amor
é a memória que suja
a história
que enferruja
o que passou*

*não é você
nem sou mais eu
adeus meu bem
(adeus adeus)
você mudou
mudei também
adeus amor
adeus e vem*

Ouvindo a gravação de 1988 tem-se a impressão de que poesia e melodia foram construídas a um só tempo, tamanha é a sonoridade do texto. Um exemplo contrário ao anterior, em que uma letra seria aplicada adequadamente como poesia, é "Let's play that". Prova disso é que na antologia de poesia "contemporânea" brasileira *Nothing the sun could not explain*, bilíngue (português/inglês), editada pelos poetas Michael Palmer, Nelson Ascher, Régis Bonvicino e lançada nos Estados Unidos em 1997, "Let's play that" aparece, em versão modificada por Jards Macalé para seu disco, como poesia. Sendo que o referido texto é uma letra para Macalé, como podemos constatar em sua coluna no jornal *Última Hora*, do Rio de Janeiro:

> *"E de bater na máquina como se fosse com a ponta da cabeça, uma letra pra Naná e uma música com Macalé – dois anos depois do desastre, pleno setenta. Eis a cantiga: 'Quando eu nasci/ um anjo morto/ Louco solto louco/ Torto pouco morto/ Veio ler a minha mão:/ Não era um anjo barroco:/ Era um anjo muito pouco,/ Louco, louco, louco, louco/ Com asas de avião;/ E eis que o anjo me disse/ Apertando a minha mão/ Entre um sorriso de dentes:/ Vai bicho:/ desafinar o coro dos contentes'. Agora então: Let's play that? Let's play that? Let's Play that? Câmbio, Macau."*

19 de janeiro de 1972 – quarta-feira.

Torquato foi, antes de tudo, um jornalista combatente e atuante. O "cobrador" da cultura de sua época. Antenado com o mundo, não deixava passar nada, cobrava, instigava, opinava, mostrava. Em sua coluna diária articulava acerca de cinema (sua grande paixão), música, teatro, os concretistas de São Paulo, jornais esquerdistas, poesia marginal (era o início da poesia marginal, ainda escreve sobre o poeta Chacal em 8 de janeiro de 1972 e 29 de fevereiro de 1972). Privava da amizade íntima de vanguardistas como Ivan Cardoso (Torquato interpretou Nosferatu no super-8 do Ivan), Luiz Otávio Pimentel (cineasta), Hélio Oiticica (artista plástico), Waly Salomão (poeta). Abriu fogo contra o Cinema Novo e apoiou a marginalidade dos experimentalistas como Júlio Bressane e Rogério Sganzerla, entre outros que representavam o lado urbano e universalista do cinema brasileiro.

Torquato nos deixou aos 28 anos, no dia seguinte ao seu aniversário. Nos últimos três anos de vida passou por sanatórios, urgia aprender a viver, a desviar-se do encontro marcado com a morte. Morte essa que previu em Jimi Hendrix – em 1970, num sanatório anotou no diário: "Eu ouvia os discos, sabia o homem – e, por cima, ainda o conheci pessoalmente; juntos, numa noite gelada de Londres, curtimos o barato de queimar haxixe e escutar os Beatles, com Carlo, Noel e mais uns três caras que estavam lá, crioulos. Torno a perguntar: onde? Onde em mim? Jimi era 'o homem que vai morrer', mas não havia datas em sua vida. Por que, então, uma data de jornal ainda me espanta e fere? Eu não sei. (Não posso, nem quero explicar porque eu, e muita gente mais, sabia de tudo desde muito tempo; posso, com simplicidade, dizer apenas que eu sabia ler a sua música.)"

Viver para ele era estar em constante contato com o novo.

## Em dó maior

O piauiense Torquato Neto foi mais do que a principal cabeça pensante da Tropicália. Principal porque, entre outras coisas importantes, foi quem escreveu a letra-manifesto "Geleia Geral". Conta Gilberto Gil que ele era desafinado, mas extremamente musical. Chegou com a letra. Gil botou a música sem mudar uma vírgula. A musicalidade veio pronta.[2] A cabeça pensante da Tropicália foi jornalista, letrista dos bons, crítico musical, grande defensor do cinema marginal, ator, idealizador de revista (da famosa *Navilouca*) e, sobretudo, poeta.

Existem três versões sobre o desejo de Torquato Neto fazer ou não um livro de poesia: a primeira, sustentada por seu biógrafo Toninho Vaz, é que o poeta nunca teve vontade de publicar um livro de poesia. A segunda diz que trabalhou, nos últimos anos, num livro intitulado *Pezinho pra dentro, pezinho pra fora*. E que sairia com o mesmo selo que o livro *Me segura que eu vou dar um troço*, de seu grande amigo Waly Salomão. A terceira é que trabalhou desde a adolescência num livro de poesia intitulado *O fato e a coisa*.

---

2   VAZ, Toninho. *Pra mim chega:* a biografia de Torquato Neto. 1. ed. São Paulo: Casa Amarela, 2005.

Tudo se pode esperar de Torquato. Mas o provável é o tal livro *Pezinho pra dentro, pezinho pra fora* (só foram encontrados o título e algumas anotações) não passar de especulação. Do suposto livro *O fato e a coisa*, no qual trabalhava desde a adolescência, foram encontrados três poemas: "Apresentação da coisa", "O fato" e "Explicação do fato". Não era para ter mais poemas, já que trabalhava há um bom tempo nele?

O poeta escrevia onde fosse possível, e ia juntando aleatoriamente. Possuía uma máquina datilográfica, presente dos pais. Segundo o que seu pai, Heli da Rocha Nunes, me contou, passava a noite inteira datilografando. Era organizado com seus textos jornalísticos, pois colaborava em diversos veículos.

Talvez o "desapego" com o que produzia fosse fruto de sua conhecida personalidade marcante, aguerrida, crítica e autocrítica. Não dispensava ninguém, nem a ele próprio. Tinha medo da loucura. Leu o romance *Hospício é Deus*, de Maura Lopes Cançado, e ficou bulido com o livro. Medo e respeito, tanto é que escreveu: "Cada louco é um exército".

Falemos de vida. O poeta escreveu: "Vamos cuidar da vida que a morte está parida". E não será exagero algum observarmos que Torquato antecipou a linguagem telegráfica, fragmentada da internet, que se usa hoje. Fez canções com Gilberto Gil, Caetano Veloso, Capinam, Jards Macalé, Edu Lobo, Renato Piau, Luiz Melodia, entre outros. Vivo ainda hoje, o que andaria aprontando? Conjectura à parte, abram alas: a poesia pede passagem.

*Cláudio Portella*

# POEMAS

# EXPLICAÇÃO DO FATO

I

Impossível envergonhar-me de ser homem.
Tenho rins e eles me dizem que estou vivo.
Obedeço a meus pés
e a ordem é seguir e não olhar à frente.
Minúsculo vivente entre rinocerontes
me reconheço falho
e insisto.

E insisto porque insistir é minha insígnia.
O meu brasão mostra dois pés escalavrados
e sobram-me algumas forças: sei-me fraco
e choro. E choro
e nem assim me excedo na postura humana: sofro
o corpo inteiro, pendo e não procuro a arma em minhas mãos.
Sei que caminho. É só.
Joelhos curvam-se, amasiam ao chão que queima
e me penetra
e eu decido que não posso envergonhar-me de ser homem.
A criança antiga é dique barrando o meu escoo
e diz que não, não me envergonhe.

Não me envergonho.
Tenho rins mãos boca órgão genital e glândulas de secreção interna:
impossível.
No entanto sinto medo
e este é o meu pavor.
Por isso a minha vida, como o meu poema, não é canto, é pranto
e sobre ela me debruço
observando a corcunda precoce
e os olhos banzos.

## II

Também tenho uma noite em mim e tão escura
que nela me confundo e paro
e em adágio cantabile pronuncio
as palavras da nênia ao meu defunto,
perdido nele, o ar sombrio.
(Me reconheço nele e me apavoro)
Me reconheço nele,
não os olhos cerrados,
a boca falando cheia,
as mãos cruzadas em definitivo estado,
se enxergando,
mas um calor de cegueira que se exala dele
e pronto: ele sou eu,
peixe-boi devolvido à praia,
morto,
exposto à vigilância dos passantes.
Ali me enxergo, à força no caixão do mundo
sem arabescos e sem flores.
Tenho muito medo.

Mas acordo e a máquina me engole.
E sou apenas um homem caminhando
e não encontro em minha vestimenta
bolsos para esconder as mãos, armas, que, mesmo frágeis,
me ameaçam.
Como não ter medo?
Uma noite escura sai de mim e vem descer aqui
sobre esta noite maior e sem fantasmas.
Como não morrer de medo se esta noite é fera
e dentro dela eu também sou fera
e me confundo nela
e ainda insisto?
Não é viável.
Nem eu mesmo sou viável, e como não? Não sou.

O que é viável não existe, passou há muito tempo
e eram manhãs e tardes e manhãs com sol e chuva e eu menino.
Eram manhãs e tardes e manhãs sem pernas
que escorriam em tardes e manhãs sem pernas
e eu sentado num tanque absurdamente posto no meio da rua,
menino sentado sem a preocupação da ida.
E era todo dia.

Havia sol
e eu o sabia
sol: era de dia.
Havia uma alegria
do tamanho do mundo
e era dia no mundo.

Havia uma rua
(debaixo dum dia)
e um tanque.

Mas agora é noite até no sol.

### III

Vou à parede e examino o retrato, irresponsável-amarelo-acinzentado-
[-testemunha.
Meus olhos não se abrem
e mesmo assim o vejo.
E mesmo assim te vejo, ó menino, encostado à palmeira de tua praça
e sem querer sair.
E mesmo assim te penso dique,
desolação de seca na caatinga,
noite de insônia,
canção antiga ao pé do berço,
prata,
fósforo queimado,

poço interminável, seco.
Ouço o teu sorriso e te obedeço.
Eu que desaprendi a preparação do sorriso
e não o consigo mais.
Estou preso a ti, ainda agora,
apesar do cabelo escurecido,
as mãos maiores e mais magras
e um súbito medo de morrer, amor à vida, tolo.
Tenho presa a ti a palavra primeira
e o primeiro gesto de enxergar o espelho:
ouço-te, sou mais desgosto em mim, incompreensível.
À tua ordem decido não envergonhar-me de existir
nesta forma disforme de osso e
carne;
algumas coisas químicas.
E uma vontade de estar sempre longe,
visitando países absurdos.
Não posso envergonhar-me de ser homem.
Tenho um menino em mim que me observa
e ele tem nos olhos
(qual a cor?)
todas as manhãs e tardes e manhãs com sol e chuva
e eu menino, que me alumiava.
Tenho um menino em mim e ele é que me tem:
Por isso a corcunda precoce
e os olhos banzos: tenho o corpo voltado à sua procura
e meu olhar apenas toca, e leve,
a exata matriz da calça
molhada em festa vespertina da bexiga.

# PESSOAL INTRANSFERÍVEL

Escute, meu chapa: um poeta não se faz com versos. É o risco, é estar sempre a perigo sem medo, é inventar o perigo e estar sempre recriando dificuldades pelo menos maiores, é destruir a linguagem e explodir com ela. Nada no bolso e nas mãos. Sabendo: perigoso, divino, maravilhoso.

Poetar é simples, como dois e dois são quatro sei que a vida vale a pena etc. Difícil é não correr com os versos debaixo do braço. Difícil é não cortar o cabelo quando a barra pesa. Difícil, pra quem não é poeta, é não trair a sua poesia, que, pensando bem, não é nada, se você está sempre pronto a temer tudo; menos o ridículo de declamar versinhos sorridentes. E sair por aí, ainda por cima sorridente mestre de cerimônias, "herdeiro" da poesia dos que levaram a coisa até o fim e continuam levando, graças a Deus.

E fique sabendo: quem não se arrisca não pode berrar. Citação: leve um homem e um boi ao matadouro. O que berrar mais na hora do perigo é o homem, nem que seja o boi. Adeusão.

# QUANDO O SANTO GUERREIRO ENTREGA AS PONTAS

nada de mais
o muro pintado de verde
e ninguém que precise dizer-me
que esse verde que não quero verde
lírico
mais planos e mais planos
se desfaz
nada demais
aqui de dentro eu pego e furo a fogo
e luz
(é movimento)
vosso sistema protetor de incêndios
e pinto a tela o muro diferente
porque uso como quero minhas lentes
e filmo o verde
que eu não temo o verde
de outra cor
diariamente encaro bem de perto
e escarro sobre o muro
nada demais

a fruta não está verde nem madura
é dura
e dura
e dura o tempo
contratempo
de escolher
o enquadramento melhor – ver do outro lado
com olhos livres
(nem deus nem diabo), projetar
lado de dentro – a luz mais pura
embora a sala do cinema seja escura

nada demais
planos gerais sobre a paisagem
sobre o muro da passagem proibida
enquanto procuramos (encontramos)
infinitas brechas escondidas
cuidado madame
nada demais: cadê o câncer
daquela tarde alucinante?
ai de mim, copacabana, desvairada, *mon amour*

nada de mais
na tela do cinema oficial
já não estamos nos formando como o tal
general da banda do cinema que deserta
a arqueologia é na cinemateca, esquece
e tudo começou de novo e já acontece
(sentença de deus)
e o resto aconteceu: the end
fim
não falem mais dessa mulher perto de mim
depois da fruta podreverde que apodrece – a tela livre
de quem só tem memória
e aí só conta história
o muro iluminado de outra cor
e outra glória
pois quem não morre não deserta nem se entrega
desprega o comovido verde lírico
e apronta e inventa e acontece com o perigo
(poesia)
a imagem nova – o arco tenso
os nove fora
(tema: cinema: lema)
a prova.

# SUGESTA

Quando eu a recito ou quando eu a escrevo, uma palavra – um mundo poluído – explode comigo e logo os estilhaços desse corpo arrebentado, retalhado em lasca de corte e fogo e morte (como napalm), espalham imprevisíveis significados ao redor de mim: informação. Informação: há palavras que estão no dicionário e outras que eu posso inverter, inventar. Todas elas juntas e à minha disposição, aparentemente limpas, estão imundas e transformaram-se, tanto tempo, num amontoado de ciladas. Uma palavra é mais que uma palavra, além de uma cilada. Elas estão no mundo como está o mundo e portanto as palavras explodem, bombardeadas. Agora não se fala nada, um som é um gesto, cuidado. Vida toda Linguagem.

Mário Faustino que era daqui e um dos maiores e quem quiser consulte. No princípio era o Verbo, existimos a partir da Linguagem, saca? Linguagem em crise igual a cultura e/ou civilização em crise – e não reflexo da derrocada. O apocalipse, aqui, será apenas uma espécie de caos no interior tenebroso da semântica. Salve-se quem puder.

E no entanto é preciso e até que já faz muito tempo e esse tempo todo não se conta com palavras iguais a números e o tempo passa e as palavras crescem bombardeadas de significados novos e diferentes e há o hospício da sintaxe como um receio e os dias passam e crescem mais as garras e o câncer dos metais em brasa ao final da segunda fornada e eu sei que é muito difícil resistir mas é preciso e além de ser preciso é perigoso e é divino e maravilhoso.

# HOJE TEM ESPETÁCULO

Vá ao cinema: presta?
Vá ao teatro: presta?
Esses filmes servem a quê?
Servem a quem?
Essas peças: servem? Pra quê?
Divirta-se: teu programa é esse,
bicho: vá ao cinema
vá ao teatro, vá ao concerto
disco é cultura, vá para o inferno:
o paraíso na tela no palco na boca
    do som
e nas palavras todas
na ferrugem dos gestos e nas trancas
da porta da rua
no movimento das imagens: violência
e frescura: montagem.
Divirta-se. O inferno
é perto é longe, o paraíso
custa muito pouco.
Pra que serve esse filme, serve a
    quem?
Pra que serve esse tema, serve a
    quem?
De churrasco em churrasco encha
    o seu caco,
amizade. Cante seresta na churrascaria
e arrote filmes-teatros-marchas-ranchos
alegrias e tal: volte (como sempre)
    atrás,
fique na sua
bons tempos são para sempre – jamais
bata no peito, bata no prato, é
assim que se faz

a festa. Reclame isso: esse filme
não presta
o diretor é fraco e essa história eu
    conheço
esse papo é pesado demais pras
    crianças na sala
é macio, é demais: serve a quem,
amizade?

Teu roteiro hoje é esse, meu bicho: cante
tudo na churrascaria
não saia nunca mais da frente fria
sirva, serve, bicho, criança, bonecão
sirva sirva sirva mais
churrasco churrasquinho churrascão.
Sirva um samba de Noel, uma ciranda
uma toada do Gonzaga (o pai),
aquele samba
aquela exaltação de um iê-iê-iê
    romanticosuavespuma
bem macio
um filme de mocinho e de bandidos
uma peça qualquer com muito
    drama:
encha o caco, amizade, tudo é
    porta
e vá entrando à vontade, a casa
    é sua, entre
pelos filmes em cartaz, pelas peças
    sobre os palcos
vá entrando pelo papo, entrando
    pelo cano
geral; coma churrasco, sirva, vá
    entrando
e servindo (a quê a quem?)
encha o seu caco. Divirta-se, bata

    no prato
e peça bis, reclame, cante o quanto
    queira
afaste o lixo, nem pense:
teu programa é esse mesmo, bicho.

# COLAGEM

A escola Superior de Guerra ("Sorbonne", para os íntimos: a tradição culturalista em linha reta), aceita e emprega a realidade – a divisão do mundo em duas áreas opostas, antagônicas, de interesses conflitantes permanentemente em choque – e nos assegura a participação efetiva em uma dessas frentes de combate chamada (por causa dos pontos cardeais) de Ocidental. Mas eu estou lidando com palavras e digo que assim também se dá com elas quando as executamos: uma sintaxe de guerra fria contemporiza, adia a solução de um conflito que já existe desde a linha divisória do gramado (pastai, meninos!); contemporiza, adia, mas não exclui – e pelo contrário – a possibilidade de um confronto decisivo, final. Um mundo – uma palavra – é um conceito dividido. É preciso cuidado e não dá mais pé porque o bolo está podre e atomizado e depois da tempestade já não temos tempo de levantar a questão de uma nova Torre de Babel sintática: ela já explodiu sua possibilidade, seus alicerces, suas palavras. As palavras inutilizadas são armas mortas (a linguagem de ontem impõe a ordem de hoje). A imagem de um cogumelo atômico informa por inteiro seu próprio significado, suas ruínas: as palavras arrebentadas, os becos, as ciladas etc. etc., ad infinitum.

Quanto a mim é isso e aquilo: não estou nada tranquilo mas estou muito tranquilo e penseiro esperando o trem via Intelsat. Marco um compasso e passo a limpo: o escuro é límpido sob o sol do meio-dia. Fumando espero enquanto esse lobo não vem: escrevo, leio, rasgo, toco fogo e vou ao cinema. Informação? Cuidado, amigo. Cuidado contigo, comigo. Imprevisíveis significados. Partir para outra, partindo sempre. Uma palavra: Deus é Diabo.

# MAKE LOVE, NOT BEDS
# OU É ISSO MESMO

Filho de Kennedy não quer ser Kennedy.
Deus os faz e os junta.
Amanhã em Tara eu pensarei nisso.
Para o bom entendedor: meia palavra basta?
É disco que eu gosto?
Quem vem lá faça o favor de dizer por que é que vem.
Tem gente dando bandeira a meio pau.
Ninguém me ama, ninguém me chama, são coisas do passado (W. S.)
Quem sabe, sabe, conhece bem: gostoso gostar de alguém?
Vai começar a era de Aquarius. Prepare o seu coração.
Ou não: dê um pulo do lado de fora.
Compre: Olhe. Vire. Mexa.
Você sempre me aparece com a mesma conversa mole.
Com o mesmo papo furado – só filmo planos gerais.
Sou feiticeiro de nascença / Trago o meu peito cruzado.
A morte não é vingança / Orgulho não vale nada.
E atrás dessa reticência.
Nada, ri-go-ro-sa-men-te nada.
Boca calada, moscas voando, e tudo somente enquanto
Eu deixar. Enquanto eu estiver atento nada me acontecerá.
Um painel depois do outro e um sorriso de vampiro;
Eu me viro/como/posso me virar.
E agora corta *essa* – só quero saber do que pode dar certo
Mas hoje tenho muita pressa. Pressa. Pressa! A gente se vê,
Na certa.

# CANTIGA PIAUIENSE PARA LENA RIOS

Sempre andei por um caminho
Que não conhecia bem;
Sequer me lembro se vinha
Sozinha, ou se com alguém
E nem sei se aqui chegada
Faço morada, me aquieto
Pois é certo que procuro
Algo que deve andar perto:
Mas o que vejo é incerto
E o que consigo não dura.
(Eu sempre quis outra vida
Eu sempre quis ser feliz,
Por isso naquele tempo
fiz minha mala e parti)
Sempre andei por um caminho
Que não sabia direito;
Do que perdi na viagem
Já me esqueci por completo
Não guardei nada e o que trouxe
Eram apenas utensílios
De fácil desprendimento:
Dois filhos que nunca tive
Um velho anel de família
E uma saudade no peito.
(Eu sempre quis outra vida
Eu sempre quis ser feliz:
Dos dois filhos, da saudade
E até do anel, me desfiz.)
Sempre andei por um caminho
Que não tem ponto-final
E a paisagem que eu via
Era toda e sempre igual:
Depois da noite outro dia

Com suas mesmas desgraças,
Mas também algumas casas
Com jantar posto na mesa.
Agora:
EU SEMPRE QUIS SER CONTENTE
E PODE SER QUE EU JÁ SEJA.

# UM DIA DESSES EU ME CASO COM VOCÊ

de tanto me perder, de andar sem sono
por essa noite sem nenhum destino
por essa noite escura em que abandono
uns sonhos do meu tempo de menino
de tanto não poder mais ter saudade
de tudo o que já tive e já perdi
dona menina, eu me resolvo agora
a ir-me embora para longe daqui
um dia desses eu me caso com você

você vai ver, ai ai, você vai ver
um dia desses, de manhã, com padre e pompa
você vai ver como eu me caso com você
meu tempo de brincar já foi-se embora

e agora, o que é que eu vou fazer?
não tenho onde morar, vou caminhando
sem sono, sem mistérios, sem você
pra terra onde nasci
ai ai
não volto nunca mais
e esta cidade alheia tem segredos
que eu faço tudo pra não compreender

meu pobre coração não vale nada
anda perdido, não tem solução
mas se você quiser ser minha namorada
vamos tentar, não é?
não custa nada
até pode dar certo
ai ai
e se não der

eu pego um avião, vou pra xangai
e nunca mais eu volto pra te ver

*Musicada por Paulo Diniz – LP* Canção do exílio, *1984.*
*Por Kassin no CD* Maré, *de Adriana Calcanhotto, 2008.*
*E por Edvaldo Nascimento, 2009.*

# TOME NOTA

por todas as ruas
onde ando sozinho
eu ando sozinho
com você
e você
se é que se lembra
(se lembra)
olha assim pra mim
como capa de revista
pelo rabo do olho
de artista,
e sorri.

eu acho *tudo* muito legal
mas a verdade
é que o nome normal disso aí
é
s-a-u-d-a-d-e
pois bem:
sei que vou sozinho
sei que vou também sozinho
mas acontece
que parece
que você
é como se é que fosse
o próprio meu caminho.

# DO LADO DE DENTRO

um dois três quatro
o maior barato
é sair na rua olhando a cara das pessoas
um dois feijão com arroz
a maior barata desfilando na cozinha
mais uma trupe inteira
pastorinhas
três quatro feijão no prato
barato é
era o maior barato
olhar a cara das pessoas
que eu amava loucamente
absolutamente
refletidas no meu trapo
cinco seis falar inglês
francês alemão chinês
vocês se lembram do que nunca aconteceu
e era uma vez
um sete e um oito
comer biscoitocoitobiscoito
e depois sair por aí
feito uma boneca vagabunda
nove dez
comer pastéis comer pastéis!

# CONSOLAÇÃO

você me pede
quer ir pro cinema
só que não dá pé de dar
morena
nunca mais vou pro cinema
com você;
você entende
burramente magoada
só que a minha é mais quebrada
morena
e sou eu
e você
e sou eu
e você
condena
condena morena com pena
e um dia depois do outro
se eu não morro de amor
não vale a pena:
cinema
me lembra
aquele *happy end*
e amor por amor
nem mais um pouco.

# O BEM, O MAL

muito bem, meu amor
muito mal
meu amor
o bem o mal
estão além do medo
e não há nada igual
o bem e o mal sem segredo
as marchas do carnaval
muito mal, meu amor
muito bem

nem vem com não tem
que tem
tem de ter
na praça da capital
muito mal
meu amor
tudo igual
nada igual ao bem e o mal
   2(experimente é legal)
eu creio que existe o bem e o mal
mas não há nada igual
e tudo tem mel e tem sal

*Musicado por Sérgio Britto no álbum* A minha cara *(2000).*

# COGITO

eu sou como eu sou
pronome
pessoal intransferível
do homem que iniciei
na medida do impossível
eu sou como eu sou

agora
sem grandes segredos dantes
sem novos secretos dentes
nesta hora
eu sou como eu sou
presente
desferrolhado indecente
feito um pedaço de mim
eu sou como eu sou

vidente
e vivo tranquilamente
todas as horas do fim.

# LUA NOVA

é lua nova
é noite derradeira
vou passar a vida inteira
esperando por você
andei perdido

nas veredas da saudade
veio o dia, veio a tarde
veio a noite e me cobriu
é lua nova
nesta noite derradeira
vou-me embora dentro dela
perguntar por quem te viu

é lua nova
é noite derradeira
vou passar a vida inteira
esperando por você

essa noite é que é meu dia
essa lua é quem me guia
e você é meu amor
vou pela estrada tão comprida
quem me diz não ser perdida
essa viagem em que eu vou

é lua nova
é noite derradeira
vou passar a vida inteira
esperando por você.

*1965. Musicada por Edu Lobo.*

# BALADA DA CRIANÇA NO BAR

Criança do riso amargo
É tão amargo o teu riso
Criança do riso amargo
Que eu já não sei se sorris
Ou deixas ver nos teus lábios
O soluço insuspeitado
De quem sente enorme dor.
Criança dos olhos tristes
São tão tristes os teus olhos
Que eu me pergunto o que trazes
Gravado nas tuas retinas
De tão doído e sofrido
De tão triste e sem sentido
Criança dos olhos tristes
Que bebes a minha vida
Que me deixas tão assim
Pensando na tua tristeza
No teu riso amargo e aberto
Nos teus olhos tristes tristes
Em tua figura que bebes;
Criança do riso oblíquo
Que despedaças a gente
Que conquistas legiões
De coisas desesperadas
Que passeias neste mundo
Assim como ave ferida
Que necessita pousar
Mas não encontra um só braço
Estendido ou uma árvore
Que lhe recolha no voo
De quem precisa pousar.
Criança dos olhos puros
De retinas semitudo

Que nada podem fazer
Senão desenhar em bocas
Cem risos desesperados.
Crianças há neste mundo
Que se parecem contigo
Mas que não são como és

# A DÚVIDA

Pirâmide: se algum dia reconstruíssem
pedra sobre pedra
dia sobre dia
a desumana história universal;
    se cada gota de suor escravo em ti
sugassem;
    se a morte quem sabe atroz de longínquas alegrias
escavassem
    e a triste imensidão do egoísmo humano
    com barrocos azulejos de uma infância
    desperdiçada em tolas adultices
anotassem
    — o que seria então do despertar feliz do meu cuco
no relógio da parede?

# O VELHO

## I

De tudo – o que sobra.
E é pouco.
O que sobra é o fato.
E o fato é oco
frio.

## II

Nestes dias de guerra cerrada,
prosseguir é o de menos, o nada.
E o voltar é, em si, tão obtuso
que o parar é, por si, um consolo.
E não consola.
Hemos tido por certo o errado
(Já que o errado é a pausa, a metade
– sem tropeço – do que há de ser feito)
e o silêncio em tornado palavra
ordenou a parada: o que basta.

## III

Pois o velho (idade incerta
beirando o sossego) seguiu.
No chão que beijou
no pó que comeu
no mijo bebido – houve em certo seguir semierguido
e encascar-se no meio da estrada
sem saber IR ou RIR.

# IV

Daí:
donde em sendo o meio a parada à vista
e o regresso ilógico
e o processo absolutamente impossível,
o velho ficou.
Como o vento e o pó.
(Como o chão.)

# A MESA

A mesa recebe e consente
o contato. Parada, açambarca
o sentante. sentida, despede
o sainte.
         E fica.
A mesa é quadrada, redonda
(não tem cabeceira marcada)
É de pau, é de fórmica
e é útil: recebe.
A mesa é amiga, inimiga:
– depende, não ouve, é calada.
A mesa, se é quente não queima
se é fria não gela:
            conforta.
Na mesa sentamos. Na mesa
esquecemos. Na mesa lembramos:
            Voltamos depois.

# POEMA DE NATAL

*(com o perdão de C.D.A)*

faço que chuto as pedras do caminho
mas sei que elas persistem
ou se adiantam
e vão me esperar na frente
para que eu novamente faça que as chuto.
ou chuto mesmo?
as pedras que eu chuto
(chuto?)
me encontram no caminho
e nunca me saúdam
ou dizem adeus.
mas o caminho é longo.
e as pedras que me seguem
e que me esperam no auge do caminho
não me falam nunca
nada,
não trazem nunca mensagens
nem me contam aquelas coisas que me embalam.
as pedras que eu chuto
(chuto?)
se integraram já ao vento
ao pó
à réstia de caminho
que é o caminho que eu trilho
assim,
assim.

1

no começo as garras
eram mãos imensas que me protegiam,

que me indicavam o rumo
que era o certo
e me afastavam das veredas que eram estreitas
e más.
eram as garras.
as mãos imensas que me orientavam
e que me amedrontavam
com o caos que eu nunca via.

o caminho em clave de sol.

as pedras em dó menor.
a pauta
as mãos
e eu.
...
tirando bolo?
— bolo.
jacarandá?
— dá.
e se não der?
— apanha.

## 2

não havia coqueiral
nem árvores
nem nada.
não havia a roça
a mãe doente
nem a casa — grande —
à rua São João
... antiga pacatuba...
número mil e quarenta e dois
havia a pedra que era rochedo

e
na cozinha
se chamava das dores.
alta.
magra.
de chinelos.
a vida como veio
carregada de rosários e de terços bentos
(sou filho do norte
nas trevas nasci)
a vida como era o algodão mais fino
a foice mais afiada
o mais pesado martelo – me empurrava
ao quedo das coisas
me contava de que existe um mar.

### 3

flash gordon!
fu manchu!
a adaga de salomão!

### 4

o burro chega à janela
e espia a manjedoura
lá dentro dorme o menino
e os anjos cantam
e os homens crescem muito mais depressa.
espia o burro.
calado.
o burro espia e pressente
que aquele menino vive

chutando josé e maria
como pedras imprestáveis
pedras agora sem uso
no meio do seu caminho.
nada entende o meu burrinho.

## 5

carlito,
amigo velho que eu conheci tão pouco,
não imaginas quanto és um consolo.
não imaginas
carlito velho de chapéu de coco,
amigo antigo dos salões escuros,
parco bigode que chacoalha o mundo.
não imaginas
criança indefesa
soldado mandado
pregador por via das dúvidas
garoto triste sempre de bengala,
inexplicavelmente afoito!
é tão meu esse teu desamparo
carlito velho
e amigo
e sempre.

## 6

no escuro estamos o quarto e eu.
que o mundo passe!
a vida apodreceu e bate ainda
porque mais forte,
muito mais é o coração.
a vida bate mas eu chuto a vida.
(a pedra).

já não me importa a mulher que morre de frio
na calçada.
os membros falam.
se os braços não se movem mais
nem obedecem às ordens dos instintos,
que morra a mulher
que sofra o homem
que padeça o filho.
estou no preto.
que as pedras voem e não respondam
nunca
ao berro do que sinto
porque não sinto mais que há mistérios
de vida
nem de morte.
no meu palco abriu-se a cortina,
entraram em cena os atores
e começou o drama.
comédia?

## 7

o mar era o princípio e o fim da controvérsia.
falaram as ondas
e nada as respondeu.
(as ondas : as pedras).
o resto é a estrada
à qual cheguei cansado.
ao fim ou ao começo? cheguei cansado e triste.
no caminho, as pedras.
na distância, a perda.
no carinho, a dor.
cheguei.
enfim.

nada tão triste como plantas secas
à margem do caminho que trilhamos.
pedras? existem.
fundo do mar como estratosfera,
no duro, fera,
fera que engole e que devora os fracos.
se se caminha
e se se espreita a frente,
mesmo sem medo,
pior ainda é recordar o atrás.
sucumbe o longe.
arrasa o perto.
na rota estreita seivada de empecilhos
o homem para
chora a mulher morre a criança.
a vida passa.
impertinente.
nada devolve.

# 8

as luzes refletiam inconscientes
as sombras de desgraças espalhadas.

# 9

imperatrizes loucas decidiram:
melhor amarem do que serem amadas.
que represente a troupe.

## 10

e agora é inverno.
o mundo passa sonolento, triste,
o homem para e nada mais escuta.
que sofram os párias!
este caminho é longo
e feio,
garrafas secas informam paisagens invisíveis.
torres se erguem.
azuis se espumam.
cimentos milenares se dissolvem,
josé,
o que fazer?

## 11

rangem as portas e se insinuam as mãos
que me sufocam.
quase que sonho.
(a pedra : o sonho )
estende as mãos o cristo
e se dissolve na imagem o simples das coisas.
se existe deus?
existe o meu caubói
e o cavalo tufão que é branco quanto a enxada
que cava
e não tem culpa de encontrar.
se existe deus?
agatha christie
e o missal em plena missa.
as grades.
( as pedras )
a vida (caminho) que ensinava
o mistério do parto

a gazeta nas esquinas
o amor de que sou fruto
e de que não serei semente.
parede, existe.
ouvidos, não!
as pedras (pedras) que rolavam em avalanche
e me assustavam,
a neve – o sonho (pedra) que sempre sonhamos
e o (caminho) rumo que sempre se trilha.
tudo sombra.

## 12

a água.

## 13

montava a besta (besta-fera que nunca esquecia)
e saía assim ao ermo pasto das desgraças.
e que allah nos visse!
o vampiro do dia cavalgava em sereno corcel
e tudo o mais
a besta – o caminho
o pasto – a vida
o vampiro – a sombra,
e tudo o mais se transformava em negras noites
com esquinas
e com guardas caminhando pelos becos.
se passavam as mulheres que eram
as próprias caixas-registradoras
de nossos bancos falidos,
os membros se tornavam povos,
as luzes mais ainda se acendiam

e as crianças quase que prevaricavam.
e se passavam os homens,
duros,
firmes,
cansados,
retrato horrendo do que é a vida,
(o caminho, as pedras, as vaias, os açoites)
as mulheres simplesmente bocejavam
espreguiçavam
e anunciavam o estreitamento de que eram vítimas.
era de noite

**14**

mas ainda é dia...

**15**

que manquem nos hospícios os lunáticos.
já conseguiram tudo
e o resto é só perdão.
o resto é esforço que não se merece
e pedras que escapam das chutadas.
carlito, meu amigo!
caubói sereno que se afasta no cavalo
e que se vira ao longe,
bate com a mão
e galopa avante.
tufão – voando.

# 16

nas pedras que se exalam das estradas
a derradeira impressão ficou.
calada.
no caminho que se trilha a vida inteira
a impressão ficou.
morrendo.
e o corpo que se dane...
e que se exale
calado
e que caminhe
ficando
e que persista
morrendo.

# SONETO DA CONTRADIÇÃO ENORME

Faço força em esconder o sentimento
do mundo triste e feio que eu vejo.
Tento esconder de todos o desejo
Que eu não sinto em viver todo o momento

Que passa. Mas que nunca passa inteiro.
Deixa comigo o rosto da lembrança
E o fantasma de só desesperança
Que me empurra e de mim me faz obreiro

De sonhos. Faço força em esconder
Do mundo, a dor, a mágoa e a cabeça
Que pensa tão somente em não viver.

Faço força mas sei que não consigo
E, em versos integral, eu me derramo
Para depois sofrer. E então, prossigo.

# DIA

Na praça enorme
sozinho, o homem
quase grisalho
sapatos pretos
camisa branca
gravata velha
terno surrado,
com mãos potentes
o filho dia
arranca às pressas
da noite mãe
e suspendendo-o
o mostra ao mundo.

Na mesma praça

num outro banco
sozinho, um homem
pega o fedelho
com mãos cansadas,
abre-lhe os olhos
e em voz pausada
lança-lhe à cara
seu desafio
mais derradeiro:

"ou me decifras

ou me devoras,
menino chato".

# POEMA

"O sinal fechado, atravesse"
dizia sentado, Homero Mesiara.
Manon sorria.
Ah! Precisava conhecer que sol danado alumiava
as noites de lá.
Umas quatro cinco putas caminhando sob o céu, sobre o chão
dentro dos muros esverdeados dos conventos
(ou de fora?)
Precisavas ver, ah! sim, que precisavas.
"O sinal fechado, atravesse"
Pois ficávamos.
Entre o bonde e o desespero, ninguém preferiu o suicídio,
e eu também fiquei.
Nunca fumei charutos, pode crer
mas assisti às procissões de corpus christi de joelhos
e era como se bebesse enorme dose de uísque escocês
made in são paulo, brasil.
E não me embriagava.

(Aliás, já vociferava Irmão Tomás: "Crianças, tenhamos fé,
tenhamos fé, tenhamos fé".)

Judith segurava a faca ensanguentada
e suspendia ao povo a cabeça de Holofernas,
completamente imundo e infeliz em sua paixão.
Para a turba, Judith!
Para a turba, Judith!
Para a turba!
Esta faca ou esta espada é minha.

Ninguém acreditava,
as crianças simplesmente não tinham fé
e abriu-se o sinal: nos levantamos todos e saímos.
(Inclusive Homero Mesiara.)

# SÁBADO QUALQUER

Oitenta e dois cruzeiros!
Pés no bondinho:
                olhos no Rio,
Pensamento na garota ali ao lado,
pipoca na mão direita
Na errada, namorado.
Coração mais longe...
    — Olha o aterro da Glória!

Já meus olhos examinam Botafogo.
A enseada. O edifício.
As ruas que se entrelaçam,
os carros que nelas passam.

Começa a segunda etapa
na fila que não tem fim.
Na conversinha de sempre:
    — Como vai?
    — Assim, assim...

E logo chega o momento de prosseguir no tormento,
                              De novo olhar
a paisagem:
Botafogo
      Urca
          Flamengo
Niterói
      O mar
O morro
      O monumento.
A praia.
Praia Vermelha:
Santos Dumont.

– Homem voa?
– ... E anda de bondinho.
– Olha a mão!
Enfim

# POEMA ESSENCIALMENTE NOTURNO

À falta da pessoa,
hoje amarei a ausência também do sentimento antigo
e lembrarei que os dias já foram azuis
e as noites somente escuras
quando desconhecíamos a palavra medo
e não sentíamos medo.
Amarei o antigo sentimento de ternura casta
palpável, aquele tempo, em mim,
distribuída entre os aposentos da casa enorme,
os três degraus da entrada
o sol nascendo pelos punhos da rede
e o muro do colégio das freiras, quente,
(Que estas lembranças me bastam).
Porque não há a pessoa

e eu caminho só e triste pelas calçadas do Rio
e não chego a nenhum destino, porque não tenho destino,
eu     hoje amarei a distância que separa     eu menino
de mim desesperado, aqui
e me perderei pelos caminhos enrolados uns nos outros
e rolarei de gozo sobre a minha sombra
e chorarei depois porque não sei voltar.

Um telefone sobre a mesa

e uma rosa. É só.
Já basta tudo isso,
que a pessoa existe incomunicável
e longe – mas existe
e atenderá.

# POEMA SILENCIOSO DENTRO DA NOITE

*Para Hermínio Bello de Carvalho*

Três fatos – um sussurro – abandono
a faina do amor e canso.
Corre e sobe em torre excusa,
espero:
nada desce ou se adianta
mais.
Por cinco copos e alguns prantos
te observo. Uísque vagabundo
em copo (daqueles a quem
não se pode negar a boca amarga)
e a mão branca e torta imiscuindo
letras
e propondo antologias
em tempo de cartilha.
a m o r
a m a d o
a m a r i a
( p o s s u i r
ser
é s )
NUNCA.

Para mim
conjugar o verbo amar
é pôr um nunca antes de cada tempo
e esquecer as desinências
que não sejam minhas.
EU
TU
e só.
Dois nomes se confundem no assoalho

e abraçam o escuro
e se procuram
e não se encontram.
A carne é forte, filho!
Dura.
Seca.
Sonolenta.
Dois nomes não se acham
se começam por letras diferentes
e distantes
dentro do alfabeto convencional.
ama. amo. ama.
    vai
    vai
    vai
ama. amo. ama.

esvaiu-se o que de esperança ainda havia
e ficou a tristeza de saber
sendo
sem querer
sendo
sem sentir
sendo
e mesmo assim
sendo.

e se contar valer?
um desejo
dois desejos
– des
en
    c
       on
tro.
("que a vida, meu amigo, não é um traçado de metafísicas

magníficas mas um desencontro de frustrações em combate". PMC[1])
vamos caçar nas ruas
enquanto o amor não vem...
— tá pronto, garoto?

pssiiiu. cuidado
que o garoto dorme
e sonha sonhos aureoazuis
em fundo roxo.
só muito baixinho,
Beethoven,
eu deixarei que toques tua sonata.
de resto... façam silêncio
            silênci
            silênc
            silên
            silê
            si
            s
            .
            .
            .

            .

            .

            .

---

[1] Paulo Mendes Campos.

# POSIÇÃO DE FICAR

No princípio era o verbo amar.
Mas os sentimentos extinguiram-se
e retesaram-se os membros: não houve amor
desde então.
Agora, sabemos inútil procurar nos livros a fórmula derradeira
deste verbo.
As coisas fizeram-se lúcidas
e sentiu-se medo.

Deixaríamos o corpo livre se pudéssemos,
mas o corpo está preso a tantos acontecimentos abstratos.
Choraríamos se nos fosse possível,
mas não há mais lágrimas
e o rosto retesado pelo medo
é pulsação imaginada e só imaginada, insensível a quaisquer prantos,
e no entanto nada procuramos.
Temos as mãos fechadas, não as forcem.
Nossas celas as sabemos impenetráveis, não forcem.
Temos tanto sono, mas o venceremos,
não nos forcem.

Conjugaremos o irrepreensível verbo esquecer, não perdoar.
Não perdoamos.
Em toda esta fraqueza nos sentimos fortes como os primeiros mártires,
estamos na arena,
sentimos medo e deixaremos nossos restos ao vosso escárnio.
Desaprendemos tudo.
Ambíguos em nós mesmos, amamos agora o silêncio das covas
e as esperamos: este o nosso fim.

# APRESENTAÇÃO DA COISA

I

Estão guardados em mim o olhar
E o falar. Mas não saem.
Trancados em sete portas
e não saem, não têm as chaves necessárias
ou a equivalente ousadia.
Submeto-me às restrições dessas certezas
E pronto: eu, como não o desejaria nunca a minha mãe.
Mas eu, como o quero e sou
por isso o eu diferente e inaceitável
escondido nas entranhas de mim mesmo
acorrentado a este meu vazio
e sem poder sair.
Assim me entendo e aceito e quero.
Fosse dado a cavernosas reflexões
em torno de cavernosíssimos problemas insolúveis
e seria assim. Fosse o tal que nunca leu    sequer Gibi
mas cita Sócrates e Dante
e seria assim, sem mais nem menos.
Ora    ! isto sou eu com a soma de se meus complexos e aflições;
um eu que não sei onde acaba
onde começa – mas que existe vertical pelas calçadas
e horizontal na cama. Eu, retorcido ou não,
Sei lá    ! eu.

II

O pensar    este é o que aparece em mim
E não some. Tenho cócegas na língua
E coço o pé. (Afinal, isto sou eu,

cheio de contrastes, assim mesmo).
O pensar em mim depende do assunto
e se não há assuntos
Os fabrico,
Quebrando copos
ou cuspindo na indumentária do garçom.
E ai.
O importante é o funcionamento da máquina pensante.
Essas questões de adultérios homicídios lenocínio
homossexualismo, seja o que for,
me comovem à falta de outro assunto. Tenho que pensar
tenho que continuar pensando
e ir guardando tudo,
para esconder em mim o falar e o olhar
e mais: a morte, que é o que bate.

# O FATO

Na água em que me lavo,
o teu escarro. No prato em que almoço,
a tua moléstia.
Nas coisas que eu afirmo,
a tua ideia. Na minha voz
que fala e chora e cala,
a tua mentira.
Atrás de mim passeias livremente
e não te barro
não me volto e não te enxergo.
Te sinto apenas a repetição de minha angústia
vezes dois
e te imagino torto
e te sei um fato ereto em minhas costas,
caminhando.

Assustam-me os meus dedos: são os teus,
magros, inúteis.
Reparo à toa num espelho: a minha face
não é mais a minha, mas a tua
e teu desdém.
Na rua, amigos me perguntam como vou.
Digo: vai mal, vai mal...
e deixo que teus passos me insinuem na ida
e me obstruam a vinda.
Sempre estou lá. Não saio
do arcabouço do meu corpo.
Calabouço?
Digo: balanço – mas por detrás sussurras:
masmorra indissolúvel na qual te encontras.
E eu fico.

# POEMA DESESPERADO

Esta noite abortarei as rosas mais vermelhas
que em mim geraram a minha angústia.
Caminhando intranquilo nesta noite
escarrarei o fel e o fogo que nasceram frutos
do fato verde, azul, oliva, negro
desta figura emoldurada em minha frente.
Desta moldura onde não encontro mais que a coisa semiaberta
remodelando o barro desta angústia.
Em pretoazulrosavermelho – já sem pouso
o meu escarro há de deixar no imenso rastro
a marca escura desta noite apodrecida.
Transporto a face da pessoa amada
(distante como a rosa esbranquiçada
que plantei na infância em meu jardim perdido)
e aniquilo (já tranquilo) esta lembrança amarga
dos anos dissolutos e passados.
(descubro agora: neste bar só vendem ausência).

Crianças, esperai! o poeta está perdido dentro da vida
mas há de procurá-las, esperai! há tempo ainda.
É na fogueira acesa deste tempo
que plantarei a rosa e colherei a angústia redobrada,
e me farei em fruto e carne, osso e anzol,
e negarei o fato
e aceitarei o fato.
Esta noite abortarei as rosas mais terríveis,
destilarei em álcool o feto recém-vindo
e alucinado eu brindarei à saúde do meu pranto
e atolarei em verde esta tristeza.
Com o dedo apagaria o sol
congelaria a aurora no meu corpo
e afastaria estrelas – mas não quero,
outros sonhadores já sonharam isso.
Como disse, sou exatamente o que me basto para prosseguir,
e não quero mais.

# MOMENTO

Sentados esperamos que algo passe.
Talvez senhoras grávidas, crianças em brinquedos
cavalheiros circunspectos e azuis dentro dos ternos e dos passos
e das coisas todas próprias e intocáveis nos seus bolsos.
Talvez ainda uma lembrança antiga.
Uma qualquer saudade.
Uma tristeza. Sentados esperamos.

Um menino ri, um camelô espia
um pensamento range em cada um de nós e nos sacode.
Permanecemos sentados não ouvimos.
Olhos atentos, esperamos – isto basta.

Entre nós uma profunda indiferença.
Ao nosso meio, a indignação, o silêncio de cada um
e o muro.
Tarde e esperamos.
Os que se arriscam pensam e mais duvidam.
Agora não importa tarde ou cedo.
Importa a espera e o banco que nos assentamos.
(Não vimos outro)

Mas esperamos sentados que algo passe.
Nosso cansaço?
A inconsequência que nos move (ou nos imobiliza?) nesta espera
ou simplesmente o sol o céu o mar o mundo?

# POEMA ESTÁTICO PARA...

Trouxe nas mãos um ramo
e é teu.

Onde a tentativa de ternura
e a esperança de reintegração no fato primeiro,
te senti a ponta e a margem oposta.
Aos poucos concebi o fato da distância
e não derreei de mim
e te pensei presença.

Agora, eu não te chamaria amiga, mas calor.
Não poderia nunca dizer-te amores (que não sinto)
mas deixaria contigo a incerteza tremenda que guardo sobre mim e
[meus passos.
Não quereria fazer-te nenhum bem
mas te concederia a marca de meu eu
e não te faria nenhum mal.
Nada disso, no entanto, é irrepreensível como sentimento reto
de criaturas conspícuas e retíssimas em bojos padronizados de
[angústias reprimidas.

E daí tudo o que sobra é o ramo, sujo e podre
de carne e flores em putrefação que eu trago nas mãos
sem que possa sentir-lhe o cheiro
ou mesmo guardá-lo comigo
pois é teu.

# A CRISE

## I

(Ao redor de minha mesa no escuro
cadeiras imóveis que reclamam corpos
que não vêm)

Como um derradeiro suicida de após bomba
procuro aniquilar o inseto impossível
que continuo sendo
a zumbir sobre a minha própria cabeça
em mirabolantes circunvoltas.
Há em tudo uma extensa camada de sossego
que inquieta. O medo
tece invisíveis teias de pavor sobre o meu corpo.
Caras que não podem esbugalhar-se mais
observam impassíveis a destruição do mito.
E não choram.

## II

Uma rosa branca nasceu no inferno.
Pudesse ser um consolo
e eu me agarraria a isto e não veria coisa alguma além.
Mas hei de. E o lutar anda muito inglório
atualmente.

Pergunta:   por que não mais sentir o inseto
Apagando a cabeça?
Continuar poderia ser mais
ou MENOS
mas não é.
O inseto   voa baixo e não abaixa

Sobre minha cabeça.
Rodo. O inseto voa muito alto.
Viro. Subo. Salto.
O inseto sobe mais e sobe mais um pouco
e some. Mas a sua presença continua doendo
como se ele estivesse mesmo
encravado no meu fígado.

# ÊXODOS

Não mais que gente à toa nessas ruas.
Por isso a fuga que eu faço, não corrompo
– disto eu sei – ambiguidades alheias.
Há um pasto. Há muito capim à beça.
Há bestas bendizendo o santo sinal da cruz.
Há jardins incultivados. Há nós. A noite, o mar.
Por isso a fuga que eu faço.
Repara: estou em carreira,
fujo com medo da fuga e me abstenho inteirinho
de opinar sobre esses fatos. Pois que é preciso que eu corra.

Não há barcos.
Não há velas. E as ondas que me sacodem
transportando o que não sou
de encontro às tuas paredes.
Há desespero a minar. Há gente que não vemos.
Se existem lábios abertos – eu não sei, não vejo ou toco.
Se existem olhos vermelhos – ignoro por completo.
Existe a fuga e isto basta.
Existe a fuga movida
por este conhecimento
da podridão desta coisa
que pensa chamar-se vida.

Durante o tempo parado
levei chicotes nos lombos
e daí tudo eu tirei do que ainda fosse um escape.
Fugi. Corri levando do tempo
os minutos que sobraram. E não sobraram minutos.
Nem segundos. Rosa e tato foram o meu consentimento
pra que a vida se fizesse. E tudo o mais que não foi.
Procuro o ponto primeiro – Babilônia recém-achada
e encontro somente o ferro

deste chão que é o chão que eu piso. Ferro quente, feito em brasa,
luares de luminosos que nada mais alumiam.
sou fruto de um desespero
e me recuso a ficar.
sou ave primeiro, fato,
na escuridão desse mar.

# POEMA CONFORMISTA

Nunca escorreu pelo meu corpo a aurora,
nunca senti na minha boca o traspassar de noites,
nunca dormi ao lado das estrelas – que isto
são coisas absolutamente sem importância
que, de resto, outros sonhadores
já tiveram o cuidado de sonhar.
Eu em mim
incrivelmente existo e me basto.

O temer e o esperar passaram por completo.
E a vontade de ver o invisível
e tocar o intocável
e calcular o necessariamente incalculável
também passou e não prossigo nisto.
Sou exatamente o que me basto para continuar sendo.
E nisto me basto.

Quando não pude alcançar o lado oposto
e me perdi e não voltei atrás,
eu prossegui pelo caminho e não parei.
Quando na volta preferi vir só
eu me bastei com meus distensos músculos
e não cortei demais a minha carne
em pedaços inúteis.
Minha incerteza quando dói a afasto
e não me engano a construir filosofias que a encharquem.
Se não componho as sinfonias que escuto
ninguém o sabe: eu não sou músico.
Quando não sei se devo ou se não devo prosseguir
em escrever poemas e asneiras,
eu nada faço e me recolho: o poeta que não sou
pode nascer ainda.

# A MÃO E A LUVA

Há necessidade enorme de uma mesa
onde a mão alcance um telefone
e veja a rosa.
Há necessidade de uma linha especial
que ligue a mão à mão que nunca espera
que converse com a mão que nunca espera
que diga tudo à mão que nunca espera.
Mais: há carência urgente de uma rosa
que consiga atravessar esta barreira
e fale e diga à rosa do outro lado
da solidão do mundo
desta tristeza imensa
e desta angústia que já é constante
e dói.

Há necessidade de sorrisos: sorrisos telefônicos
mas que sejam. E mais:
há uma vontade louca de metamorfoses
de transformações de que não se duvidem
de notícias espalhadas sobre a muda.
Manifestando o nada
triste enfarto sobrevive.
Ultrapassando o amor
O que resta nunca mais que vale a pena.
Pois há que haver um telefone sobre a mesa
e uma linha especial
e uma rosa.
Pois há que haver sorrisos transmitidos
desde os lábios
(tristes lábios ressequidos
que a distância quase deixa se apagarem).

# OS MORTOS

Sob o pó, cemitério.
E, enterrados, os mortos reparam.

As flores – não o sentem
Se postas na laje
(geralmente branca)
da forma. Reparam o silêncio
e dançam sua estranha música
de mãos dadas.
Cantam em coro canções do outro tempo
e atravessam o muro
e riem do padeiro e sua cesta vazia
do pacato de bolso vazio
da tremenda que passa (vazia?)
na praça – vazia dos mortos.

(Durante o sol,
recolhem-se e comem terra.)

# DAQUI PRA LÁ DE LÁ PRA CÁ

Era um pacato cidadão
sem documento
não tinha nome profissão
não teve tempo

mas certo dia deu-se um caso
e ele embarcou num disco
e foi levado pra bem longe do asterisco
em que vivemos

ele partiu e não voltou
e não voltou porque não quis
quero dizer: ficou por lá
já que por lá se é mais feliz

e um espaçograma ele enviou
pra quem quisesse compreender
mas ninguém nunca decifrou
o que ele nos mandou dizer

terramarear atenção
o futuro é hoje
e cabe na mão
vietvistavisão
para azar de quem não sabe
e não crê
que se pode sempre a sorte escolher
e enterrar qualquer estrela no chão

vietvistavisão
terramarear atenção

fica a morte por medida
fica a vida por prisão

*Gravações: Raimundo Fagner e Zeca Baleiro –
CD* Raimundo Fagner & Zeca Baleiro *(2003);
e Titãs, no CD* A melhor banda de todos os tempos
da última semana, *musicada por Sérgio Britto,
que o renomeou "Daqui pra lá" (2001).*

# ANDAR, ANDEI

não é o meu país
é uma sombra que pende
concreta
do meu nariz
em linha reta
não é minha cidade
é um sistema que invento
me transforma
e que acrescento
à minha idade
nem é o nosso amor
é a memória que suja
a história
que enferruja
o que passou

não é você
nem sou mais eu
adeus meu bem
(adeus adeus)
você mudou
mudei também
adeus amor
adeus e vem

quero dizer
nossa graça
(tenemos)
é porque não esquecemos
queremos cuidar da vida
já que a morte está parida
um dia depois do outro
numa casa enlouquecida
digo de novo

quero dizer
agora é na hora
agora é aqui
e ali e você
digo de novo
quero dizer
a morte não é vingança
beija e balança
e atrás dessa reticência
queremos
quero viver

# GO BACK

Você me chama
Eu quero ir pro cinema
você reclama
meu coração não contenta
você me ama
mas de repente a madrugada mudou
e certamente
aquele trem já passou
e se passou
passou daqui pra melhor,
foi!

Só quero saber
do que pode dar certo
não tenho tempo a perder

# TODO DIA É DIA D

todo dia é dia dela
pode ser, pode não ser
abro a porta e a janela
todo dia é dia D
desde que saí de casa
trouxe a viagem de volta
gravada na minha mão
enterrada no umbigo
dentro e fora assim comigo
minha própria condução
todo dia santo dia
queremos, quero viver
meu coração na bacia
todo dia é dia D
há urubus no telhado
e a carne-seca é servida
um escorpião enterrado
na sua própria ferida
não escapa, só escapo
pela porta da saída
todo dia é o mesmo dia
de amar-te, amor-te, morrer
todo dia menos dia
mais dia é dia D

# QUANTO MAIS EU REZO

quanto mais eu rezo
mais assombração me aparece
eu sou feiticeiro de nascença
quanto mais eu rezo
mais eu creio em minha crença
e atrás dessa resistência
tenho o meu corpo cruzado
atrás dessa resistência
orgulho não vale nada
atrás dessa reticência

*Musicada por Carlos Pinto.*

# PINDORAMA PALACE

Em Pindorama
Ninguém vê mais ninguém
Em Pindorama quem é quem
Quem é você
Quem é meu bem
Em Pindorama
Ninguém vê mais ninguém
Em Pindorama
Quem vem lá
Descuidado tropicando
Em Pindorama
Penduricalhos de prata
Espalham a fama
No chão de estrelas de lá
A nossa cama
No canto esquerdo do riso
Você esconde o que é preciso
Esconder
Ninguém pode saber
Ninguém pode saber
Quem é você
Quem é seu bem
Quem lhe ama
Eu não conheço ninguém
Ninguém que não ame Pindorama

*Musicada por Carlos Pinto.*

# COMEÇAR PELO RECOMEÇO

Não vou lamentar
Lamento muito mas agora não dá
não me lembro mais do tal momento
que você me deu, que você me deu
Doeu, meu bem, doeu
Mas não vou lamentar
o que nem sequer aconteceu
Agradeço, mas prefiro recomeçar
pelo recomeço
agradeço o seu preço
e pelo seu endereço
peço perdão, de coração
Peço perdão.

*1972. Gravada por Luiz Melodia.*

# CHAPADA DO CORISCO

Se eu disser que quero ir até
Do outro lado do mar
Não acredite
Eu vou querer
Ficar

Se eu disser que quero ir até
Do outro lado de lá
Não me pergunte
Não vou querer
Falar

As Sete Cidades mortas
Sete pedras, sete portas
No caminho da Chapada do Corisco
De onde eu vim

Meu lugar é minha vida
Esta noite é tão comprida
Tão antiga, ai de mim

Oh, se eu disser...

*1972. Musicada por Carlos Pinto.*

# SEM ESSA, ARANHA

Não acredito
que você tenha me dito
que não vai embora
agora
mas não duvido
que você tenha mentido
muito, logo agora, agora
não acredito
não duvido
não me importa
qualquer hora é hora
não quero nem saber
vou dar o fora
eu não me ligo
nem me toco
com essa coisa
com esse papo à toa
acho engraçado que você tenha falado
que sua "bad" é boa
você não está com nada
eu ando sem nenhum
e conversa fiada
só com bom fiador
sem essa, aranha
sem essa, aranha
sem essa
aranha

*1972. Musicada por Carlos Galvão.*

# LET'S PLAY THAT

quando eu nasci
um anjo louco muito louco
veio ler a minha mão
não era um anjo barroco
era um anjo muito louco, torto
com asas de avião
eis que esse anjo me disse
apertando a minha mão
com um sorriso entre dentes
vai bicho desafinar
o coro dos contentes
vai bicho desafinar
o coro dos contentes

*1972. Musicada por Jards Macalé.*

# DENTE NO DENTE

sim não
mas pode ser que seja de repente
a minha frente bem na sua frente
e tudo muito rente, quente...
sente o drama:
é tudo assim tão envolvente, amor
é tudo assim tão de repente
tente agora
olho no olho
dente no dente
lentamente, é nessa hora a hora
que eu desejo o fim do fim de tudo
é o começo, o sol poente

a coisa fria e o fogo novamente
e tudo não mais que de repente
quente, quente, rente, sente

*1972. Musicada por Jards Macalé.*

# DESTINO

o destino do poeta é coisa dele
preste atenção que eu te amo é nele
nele meu amor é muito grande
vive crescendo enquanto a gente aprende

que o destino do poeta é grande
cabe inclusive de frente
preste atenção
quem me ama não é você
seria uma espécie de se
um c
peri, ceci, si ici
see that kind of sea deep blue sea

*1972. Musicada por Jards Macalé.*

# JARDIM DA NOITE

Repara a cor do dia
Reparo a torre da tevê
Não há madrugada mais fria
Do que esses dias sem você
Deu meia-noite
No meio do dia
Casa vazia
Entre pra ver

E esqueça
Tudo o que digo
São poucas palavras
E todas marcadas
Passos na escada
Meus olhos nos seus
Algumas palavras
Pra não dizer adeus;
Esqueça agora
Repare a cor do dia
Chove lá fora, entre pra ver
A madrugada fria
Esses dias e eu sem você

*1972. Musicada por Carlos Galvão.*

# QUE TAL

Quero morrer no Carnaval
Curtindo a sensacional desgraça
Dessa praça completamente igual
Ao resto que conheço em beira de estrada
Quero morrer no Carnaval
Encalhado na monumental bagunça tropical
Que por obra e graça dessa mesma praça
Danço, danço feito um mais
Que se salva
Uma corrente é uma corrente
Assim como uma rosa é uma certa rosa
Quente, superquente, distante diante da frente
Dessa praça completamente igual
Que eu conheço
Trivial variado
É o lado de dentro
Trancado, trancado
que tal.

*1972*

# TRÊS DA MADRUGADA

Três da madrugada
Quase nada
Na cidade abandonada
Nessa rua que não tem mais fim
três da madrugada
tudo é nada
a cidade abandonada
e essa rua não tem mais
nada de mim...
nada
noite alta madrugada
na cidade que me guarda
e esta cidade me mata
de saudade
é sempre assim...
triste madrugada
tudo é nada
minha alegria cansada
e a mão fria mão gelada
toca bem leve em mim
saiba:
meu pobre coração não vale nada
pelas três da madrugada
toda palavra calada
nesta rua da cidade
que não tem mais fim
que não tem mais fim

*1971. Musicada por Carlos Pinto.*

# O HOMEM QUE DEVE MORRER

Mais dia menos dia
A vida tem pressa
Mais noite menos noite
A morte te alcança
Num clarão, mais que o sol
Num clarão, no mistério da luz
A promessa é viver

Glória glória glória aleluia
Glória glória glória aleluia
Glória ao homem que deve morrer

Mais tempo menos tempo
O dia amanhece
Mais tarde menos tarde
Um homem aparece
Num clarão, outro sol
Num clarão da promessa de luz
Um olhar salvador

Glória glória glória aleluia
Glória glória glória aleluia
Glória ao homem que deve morrer

*1971*

# QUE PELÍCULA

Foi num tempo de um tempo
De um tremendo temporal
Ninguém via o dia
Querer clarear
Ninguém via o dia
De você chegar

Pelo mar maravilha, ilha
Trilha musical
Canções de vitrola
Para te esperar
Ninguém via a hora
de você chegar

Sapateando passos de bongô
Indiferente a ondas tropicais
Alto-falante fala quem chegou
Pelas colunas de jornais

Plastificando e desfolhando azuis
De nunca mais sem mais adeus pra mim
Eu vi você iluminando a luz
Eu vi você chegando ao fim

*1971*

# LITERATO CANTABILE

agora não se fala mais
toda palavra guarda uma cilada
e qualquer gesto pode ser o fim
do seu início
agora não se fala nada
e tudo é transparente em cada forma
qualquer palavra é um gesto
e em minha orla
os pássaros de sempre cantam assim,
do precipício:

a guerra acabou
quem perdeu agradeça
a quem ganhou.
não se fala. não é permitido
mudar de ideia. é proibido.
não se permite nunca mais olhares
tensões de cismas crises e outros tempos
está vetado qualquer movimento
do corpo ou onde quer que alhures.
toda palavra envolve o precipício
e os literatos foram todos para o hospício
e não se sabe nunca mais do mim. agora o nunca.
agora não se fala nada, sim. fim. a guerra
acabou
e quem perdeu agradeça a quem ganhou.

quero me sentar
do lado de lá do sena: mas
que lado ainda é este? mas
&
o sena? não é a vida que
EEEUUU pensei ter encontrado?

quero me sentir
do lado de lá do sena: mas
aonde o salto? qual salto?
&
que museus visitar? to
                     dos.
os que melhor que informem sobre...
ora, meu saco, ora meu saco, ora meu saco,
ora meu sacro coração fatal
natal
a escrota embriagada
lá de lá de teresina,
torquato ainda assina
e pede desculpas pelos eRRos.

e se vai. o meu adeus. os meus.

torquato neto falou sobre outros poetas e calou-se em silêncio
                                          pelo que lhe protege.
                                                     je.
a) A virtude é a mãe do vício
conforme se sabe;
acabe logo comigo
ou se acabe.

b) A virtude e o próprio vício – conforme se sabe estão no fim,
                                                                no início
da chave.

c) Chuvas da virtude, o vício, conforme se sabe;
é nela propriamente que eu me ligo, nem disco nem filme:
nada, amizade. Chuvas de virtude: chaves.

d) (amar-te/ a morte/ morrer:
há urubus no telhado e a carne-seca
é servida: um escorpião encravado
na sua própria ferida, não escapa; só escapo
pela porta da saída).

e) A virtude, a mãe do vício
como eu tenho vinte dedos,
ainda, e ainda é cedo:
você olha nos meus olhos
mas não vê nada, se lembra?

f) A virtude
mais o vício: início da
MINHA
transa, início, fácil, termino:
"como dois mais dois são cinco"
como Deus é precipício,
durma,
e nem com Deus no hospício
(durma) nem o hospício
é refúgio. Fuja.

O Poeta é a mãe das armas
& das Artes em geral –
alô, poetas: poesia
no país do carnaval;
alô, malucos: poesia
não tem nada a ver com os versos
dessa estação muito fria.

O Poeta é a mãe das Artes
& das armas em geral:
quem não inventa as maneiras
do corte no carnaval
(alô malucos) é traidor
da poesia: não vale nada, lodal.

A poesia é o pai das ar
timanhas de sempre: quent
ura no forno quente
do lado de cá, no lar

das coisas malditíssimas;
alô poetas: poesia!
poesia poesia poesia poesia!
O poeta não se cuida ao ponto
de não se cuidar: quem for cortar meu cabelo
já sabe: não está cortando nada
além da MINHA bandeira / / / / / =
sem aura nem baúra, sem nada mais pra contar
Isso: ar. ar. ar. ar. ar. ar. ar. ar. ar. ar. ar. ar. ar. ar. a
r: em primeiríssimo, o lugar.

poetemos pois.

        torquato neto/8/11/71/&-sempre.

# CORO MISTO FOTOGÊNICO

(vocês não têm outro rosto
vocês conhecem o melhor caminho do poço
e compram pelo reembolso
a mão que afaga
e a mão que mata)

vocês não têm outro rosto

você não tem nenhum medo
porque não sabe o segredo
que eu não posso lhe contar
porque é sempre muito tarde
porque está fora de hora
e porque quem sabe fica
quem não samba vai-se embora

vocês não têm outro rosto

você não sabe a paisagem
e anda atrás de close-ups
você não fez a viagem
nem pesquisou o mistério
da contagem regressiva
você anda muito viva
então viva viva muito
com o rosto de todo mundo
e quando muito até quando.

*1970*

# O NOME DO MISTÉRIO

eu poderia dizer
que agora é tarde e o nosso amor é outro
que o nosso tempo agora
é o fim de tudo
e só nos resta alguns papéis
para rasgar
eu poderia dizer
que agora é tarde e o nosso amor é morto
que o nosso amor agora
é o fim do mundo
e não sobra nada mais
para esperar

eu poderia dizer mas eu não digo
sobre o mistério atrás de tudo isso
sobre o segredo, meu amor, que eu guardo
e que você vai ter que descobrir;
eu poderia dizer mas eu não digo
o nome do mistério, o nome disso
e vou por mim aqui silencifrado
de volta ao lar, meu bem, querendo ir

*1970. Gravada por Geraldo Azevedo.*

# ARCO ARTEFATO

A matéria   O   material
3 estudos de som, para ritmo

### 1

arco
artefato
vivo
auriverde
sirv
o
a
fé
(ri?)
da fa
da, moça
in
feliz:

### 2

arco
art & fato
vi-vo auriver
te, sir v
o
a fé

ri D
a fa
da (in)
feliz            —            : vivo (a) o —
                              crefoto
                              cr&ivo &
                              não/o
                              qui-Z
                                a   o
                                 rc
                                  o
                              auriver. . .
                                te   eu
                                 sir
                                 v.o.
                              § a raia-raiz
                              § a raia-raiz


                          3

a   o
 rc
  o
arte     fa-
         Liz   &   vi-v.o.
                   :
                   auriv/ver
                   te,
                   rai
                   Z

*Paris, 29/7-2/8/1969.*

# TORUSATOTONERTLO. 71 1 MNBAS.

querendo conversar: falemus
os piores palavros, apurém, ho!
je.
ho!
jecomo ho! je, amanhgrã.,nhã. CRU-
sete e

ok
que tudo esteja direito
(mas ainda não o.k que eu também não sei
onde deixei meus
de-feitos).

quando eu estava

para completar 25
anos
eu estava em paris
e estava ouvindo o disco de caetano
e depois pensei: SIM
e sim e depois
quando eu estava                      anos
e estava em paris
e depois eu pensei
quando eu estava ok,
ok. ou
como queiram:
onde deixei
todos meus peitos, das cantigas
onde deixei (não
sei?) meu coração
fundamental, as almas mais bastardas
do planeta hum aqui presente?

yes:     ou foi o tombo do navio
         ou foi o balanço do mar.
não é meu coração

nem
é o cio do nosso estar.
não é a tal balança, nem o pavio
que pode incendiar
a dança. É a minha cama farta. é
a minha cama farta,
muito
alta. É.
Eu tinha quase 25 anos em Paris
no dia de hoje.

*Paris, 9/10/1969.*

# POEMA DO AVISO FINAL

É preciso que haja alguma coisa
alimentando meu povo:
uma vontade
uma certeza
uma qualquer esperança
É preciso que alguma coisa atraia
a vida ou a morte:
ou tudo será posto de lado
e na procura da vida
a morte virá na frente
e abrirá caminho.
É preciso que haja algum respeito
ao menos um esboço:
ou a dignidade humana se firmará a machadadas.

# GELEIA GERAL

um poeta desfolha a bandeira
e a manhã tropical se inicia
resplandente cadente fagueira
num calor girassol com alegria
na Geleia geral brasileira
que o jornal do brasil anuncia

ê bumba iê, iê boi
ano que vem mês que foi
ê bumba iê, iê iê
é a mesma dança, meu boi

"a alegria é a prova dos nove"
e a tristeza é teu porto seguro
minha terra é onde o sol é mais limpo
e mangueira é onde o samba é mais puro
tumbadora na selva-selvagem
pindorama, país do futuro

ê bumba iê, iê boi (refrão)

é a mesma dança na sala
no canecão na TV
e quem não dança não fala
assiste a tudo e se cala
não vê no meio da sala
as relíquias do brasil:
doce mulata malvada
um elepê de sinatra
maracujá mês de abril
santo barroco baiano
superpoder de paisano
formiplac e céu de anil
três destaques da portela

carne-seca na janela
alguém que chora por mim
um carnaval de verdade
hospitaleira amizade
brutalidade jardim

ê bumba iê, iê boi (refrão)

plurialva contente e brejeira
miss linda brasil diz bom dia
e outra moça também carolina
da janela examina a folia
salve o lindo pendão dos seus olhos
e a saúde que o olhar irradia

ê bumba iê, iê boi (refrão)

um poeta desfolha a bandeira
e eu me sinto melhor colorido
pego um jato viajo arrebento
como roteiro do sexto sentido
voz do morro, pilão de concreto
tropicália, bananas ao vento

ê bumba iê, iê boi (refrão)

*1968. Musicada por Gilberto Gil.*

# MAMÃE, CORAGEM

mamãe, mamãe não chore
a vida é assim mesmo
eu fui embora
mamãe, mamãe não chore
eu nunca mais vou voltar por aí
mamãe mamãe não chore
a vida é assim mesmo
eu quero mesmo é isto aqui
mamãe, mamãe não chore
pegue uns panos pra lavar
leia um romance
veja as contas do mercado
pague as prestações
– ser mãe
é desdobrar fibra por fibra
os corações dos filhos,
seja feliz seja feliz

mamãe, mamãe não chore
eu quero eu posso eu fiz eu quis
mamãe, seja feliz
mamãe, mamãe não chore
não chore nunca mais não adianta
eu tenho um beijo preso na garganta
eu tenho um jeito de quem não se espanta
(braço de ouro vale dez milhões)
eu tenho corações fora do peito
mamãe não chore, não tem jeito
pegue uns panos pra lavar leia um romance
leia "Elzira, a morta virgem",
"o grande industrial".
eu por aqui vou indo muito bem
de vez em quando brinco carnaval

e vou vivendo assim: felicidade
na cidade que eu plantei pra mim
e que não tem mais fim
não tem mais fim
não tem mais fim

*1968. Musicada por Caetano Veloso.*

# COISA MAIS LINDA QUE EXISTE

coisa linda nesse mundo
é sair por um segundo
e te encontrar por aí
pra fazer festa ou comício
com você perto de mim
na cidade em que me perco
na praça em que me resolvo
na noite da noite escura
é lindo ter junto ao corpo
ternura de um corpo manso
na noite da noite escura
a coisa mais linda que existe
é ter você perto de mim
o apartamento, o jornal
o pensamento, a navalha
a sorte que o vento espalha
essa alegria, o perigo
eu quero tudo contigo
com você perto de mim
coisa linda nesse mundo
é sair por um segundo
e te encontrar por aí
e ficar sem compromisso
pra fazer festa ou comício
com você perto de mim
a coisa mais linda que existe
é ter você perto de mim

*1968. Musicada por Gilberto Gil.*
*Está no primeiro LP de Gal Costa,* Gal Costa, *lançado em 1969.*

# DEUS VOS SALVE A CASA SANTA

um bom menino perdeu-se um dia
entre a cozinha e o corredor
o pai deu ordem a toda família
que o procurasse e ninguém achou
a mãe deu ordem a toda polícia
que o perseguisse e ninguém achou

ô deus vos salve esta casa santa
onde a gente janta com nossos pais
ô deus vos salve essa mesa farta
feijão verdura ternura e paz

no apartamento vizinho ao meu
que fica em frente ao elevador
mora uma gente que não se entende
que não entende o que se passou
maria amélia, filha da casa,
passou da idade e não se casou

ô deus vos salve esta casa santa (refrão)

um trem de ferro sobre o colchão
a porta aberta na escuridão
a luz mortiça ilumina a mesa
e a brasa acesa queima o porão
os pais conversam na sala e a moça
olha em silêncio pro seu irmão

ô deus vos salve esta casa santa (refrão)

*1968. Musicada por Caetano Veloso.*
*Gravação: Nara Leão, em* Nara Leão, *1968.*

# AI DE MIM, COPACABANA

um dia depois do outro
numa casa abandonada
numa avenida
pelas três da madrugada
num barco sem cela aberta
nesse mar
nesse mar sem rumo certo
longe de ti
ou bem perto
é indiferente, meu bem

um dia depois do outro
ao teu lado ou sem ninguém
no mês que vem
neste país que me engana
ai de mim, copacabana
ai de mim: quero
voar no concorde
tomar o vento de assalto
numa viagem num salto
(você olha nos meus olhos
e não vê nada —
é assim mesmo
que eu quero ser olhado).
um dia depois do outro
talvez no ano passado
é indiferente
minha vida tua vida
meu sonho desesperado
nossos filhos nosso fusca
nossa butique na augusta
o ford galaxie, o medo
de não ter um ford galaxie
o táxi o bonde a rua

meu amor, é indiferente
minha mãe teu pai a lua
ai de mim, copacabana
ai de mim, copacabana
ai de mim, copacabana
ai de mim.

*1968. Musicada por Caetano Veloso.*

# ARENA A:
# FESTIVAIA-GB

    introdução ad libitum
    para coral misto fotogênico

    vocês não têm outro rosto
    vocês conhecem
    o melhor caminho do poço
    (lusco/reembolso
    fosco = total: O
        alegre animal circunda)
    vocês não têm outros dedos
    vocês inventam         *beira mar*
    sim
    os grandes bailes do medo
    (segre do gam o morcego
    & escovam os dentes
    da bunda)

## I

solista com guitarra e luvas

eu sou         terrível
                              tível
eu sou         horrível
                                    ao nível     sim
eu sou                 incrível     &
                              cravo!         e-u
SOU                       o fim da picada
                      (alô, moçada)
do outro lado da corda
qualquer plateia me agrada

## II

ária para letrista

braço de ouro beijo na garganta (meu
coração sentimental se espanta
&
minha mansão é vossa &
a canção &) A VOSSA
bolsa — boa moça — grita
as armas dos brazões condecorados
sim
os brazas e os brazões silenciados (segredo
gar &): sim
estamos todos ao redor da mesa
o mesmo cano cerrado
paco
& a moringa
SIM
os brazas e os brazões silencifrados (como
2 quadradões?): estamos todos ao redor da mesa
(os segredos dantes
      os secretos dentes,
  meu amor)
mesotombados ao redor da mesma.
      — "como 2 quadradões"
    mesa
    que  ainda

e a paga? o que  mescla
(mesa)  MH
  erdamos ///

# III

solista com alaúde e fogo
eu sou            terríveldesa
                     pareço
eu sou            horrível      não compro:
                     mato
eu sou incrível?
cravina &
greta
EU
o
FIM
da picada -

# IV

solo femenino casto/profissional

desafinar o coro dos contentes
desde o final
despentear todos os dentes
desafinar
desparamar principalmente os dentes
pen / DURADOS
afferrollhharr o corpo do indecente
sim
& afe / rir
arrebentar a folha na semente
a FERRO olhar &
&
arrebentar
principalmente o deste

(AMOR)
o dente
MAL
sangrado, sim          & sim -

*São Paulo, 8/10/1968.*

# MARGINÁLIA II

eu, brasileiro, confesso
minha culpa meu pecado
meu sonho desesperado
meu bem guardado segredo
minha aflição
eu, brasileiro, confesso
minha culpa meu degredo
pão seco de cada dia
tropical melancolia
negra solidão
aqui é o fim do mundo
aqui é o fim do mundo
ou lá

aqui o terceiro mundo
pede a benção e vai dormir
entre cascatas palmeiras
araçás e bananeiras
ao canto da juriti
aqui meu pânico e glória
aqui meu laço e cadeia
conheço bem minha história
começa na lua cheia
e termina antes do fim
aqui é o fim do mundo
aqui é o fim do mundo
ou lá

minha terra tem palmeiras
onde sopra o vento forte
da fome do medo e muito
principalmente
da morte
o-lelê, lalá

a bomba explode lá fora
e agora, o que vou temer?
yes: nós temos banana
até pra dar, e vender
aqui é o fim do mundo
aqui é o fim do mundo
ou lá

*1967. Musicada por Gilberto Gil.*

# DOMINGOU

são três horas da tarde
é domingo
da janela a cidade se ilumina
como nunca jamais se iluminou
são três horas da tarde
é domingo
na cidade, no Cristo Redentor ê ê
é domingo no trole do parque
é domingo na moça e na praça
é domingo ê ê
domingou meu amor

hoje é dia de feira
é domingo
quanto custa hoje em dia o feijão
são três horas da tarde
é domingo
em ipanema e no meu coração ê ê
é domingo no Vietnã
na Austrália e em Itapuã
é domingo ê ê
domingou meu amor
quem tiver coração mais aflito
quem quiser encontrar seu amor
dê uma volta na praça do Lido
ê esquindô, ê esquindô, ô esquindô-lê-lê
quem quiser procurar residência
quem está noivo, já pensa em casar
já pode olhar o jornal, paciência
tra-lá-lá tra-lá-lá ê ê
o jornal de manhã chega cedo
mas não traz o que eu quero saber
as notícias que leio conheço
já sabia antes mesmo de ler ê ê

qual o time que você quer ver
que saudade, preciso esquecer
é domingo ê ê
domingou meu amor
tanta gente que vai e que vem
são três horas da tarde
é domingo
vamos dar um passeio também ê ê
o bondinho viaja tão lento
olha o tempo passando
olha o tempo
é domingo outra vez
domingou meu amor (três vezes)

*1967. Musicada por Gilberto Gil.*

# ESTOU SERENO, ESTOU TRANQUILO

Estou sereno, estou tranquilo, estou contente
Nesta manhã nascendo devagar
Andei calado triste indiferente
E de repente esta vontade de cantar
Um samba de Ismael, uma ciranda
Uma toada de Gonzaga: *A asa branca*
*Riacho de navio*, *Luar de Paquetá*
Estou sereno, estou tranquilo, estou contente
Nesta manhã nascendo devagar
Mas de repente uma certeza me espanta
Ninguém mais canta e eu sozinho
Não posso cantar
Ai quem me dera que hoje fosse dia
De eu ser feliz, de eu ser feliz humildemente
Cantando com vontade e alegria
Em companhia de toda gente
Ai quem me dera que outra vez na vida
Meu coração não se perdesse à toa
E que eu soubesse muito bem que é muito boa
Essa cantiga nova que inventei
Estou sereno, estou tranquilo, estou contente
Mas só Deus sabe até que dia eu estarei

*1967. Inédita.*

# ZABELÊ

minha sabiá
minha zabelê
toda meia-noite
eu sonho com você
se você duvida
eu vou sonhar pra você ver
minha sabiá
vem me dizer por favor
o quanto eu devo amar
pra nunca morrer de amor
minha zabelê
vem correndo me dizer
porque eu sonho toda noite
e sonho só com você
se você não acredita
vem pra cá
vou lhe mostrar
que riso largo é o meu sonho
quando eu sonho
com você
mas anda logo
que a noite
já não tarda a chegar
vem correndo
pro meu sonho escutar
que eu sonho falando alto
com você no meu sonhar

*1966. Musicada por Gilberto Gil.*

# MINHA SENHORA

minha senhora
onde é que você mora
em que parte desse mundo
em que cidade escondida
dizei-me que sem demora
lá também quero morar
onde fica essa morada
em que reino, qual parada
dizei-me por qual estrada
é que eu devo caminhar
minha senhora
onde é que você mora
venho da beira da praia
quantas prendas que eu lhe trago
pulseira, sandália, e saia
sem saber como entregar
quero chegar sem demora
nessa cidade encantada
dizei-me logo senhora
que essa chegança me agrada.

*1966. Musicada por Gilberto Gil.*

# VENTO DE MAIO

oi você, que vem de longe
caminhando há tanto tempo
que vem de vida cansada
carregada pelo vento
oi você, que vem chegando
vá entrando, tome assento

desapeie dessa tristeza
que eu lhe dou de garantia
a certeza mais segura
que mais dia, menos dia
no peito de todo mundo
vai bater a alegria
ôôôôôô

oi, meu irmão, fique certo
não demora e vai chegar
aquele vento mais brando
e aquele claro luar
que por dentro desta noite
te ajudarão a voltar

monte em seu cavalo baio
que o vento já vai soprar
vai romper o mês de maio
não é hora de parar
galopando na firmeza
mais depressa vai chegar

*1966. Musicada por Gilberto Gil.*

# VEM, MENINA

Vem, menina
Tô te esperando
Vem, que a roda
Tá começando
Vem depressa
Atrasa o samba, não

Vem, princesa
Da madrugada
Vem correndo
Não pensa em nada
Vem sambar
Até cair no chão
Olha que o samba é pra valer
Mas logo o dia vai nascer
Olha que tudo termina
Vem, não demora, menina
Quem não samba nunca vai saber
Que ainda é tão bom se viver.

*1966. Musicada por Gilberto Gil.*

# RANCHO DA BOA-VINDA

Quem vem lá, faça o favor
De dizer por que é que vem
Se é de paz e se é de amor
Pode entrar, que eu sou também
Se a tristeza já deixou
Bem pra lá do meu portão
Pode entrar, pode dispor
Faça o rancho do meu coração
Tanto amor tenho pra dar
Só que não achei pra quem
Se você vem pra passar
E traz tristezas também
Melhor então nem entrar
Melhor seguir seu caminho
Que de triste neste mundo
Já me basto a mim sozinho.

*1966. Inédita. Musicada por Gilberto Gil.*

# VELEIRO

Eh, ô
Tá na hora e no tempo
Vamos lá que esse vento
Traz recado de partir
Beira da praia
Não faz mal que se deixe
Se o caminho da gente vai pro mar

Eu, vou
Tanta praia deixando
Sem saber até quando eu vou
Quando eu vou, quando eu vou
Voltar

Eh, ô...
Vou pra terra distante
Não tem mar que me espante
Não tem, não
Anda, vem comigo que é tempo
Vem depressa que eu tenho
o braço forte e o rumo certo
Ah, que o dia está perto
E é preciso ir embora
Ah, vem comigo
Nesse veleiro

Eh, ô...
Tá na hora e no tempo
Vou-me embora no vento (BIS)

*1965. Musicada por Edu Lobo.*

# PRA DIZER ADEUS

adeus
vou pra não voltar
e onde quer que eu vá
sei que vou sozinho
tão sozinho amor
nem é bom pensar
que eu não volto mais
desse meu caminho

ah,
pena eu não saber
como te contar
que o amor foi tanto
e no entanto eu queria dizer
vem
eu só sei dizer
vem
nem que seja só
pra dizer adeus.

*1965. Musicada por Edu Lobo.*

# NENHUMA DOR

minha namorada tem segredos
tem nos olhos mil brinquedos
de magoar o meu amor
minha namorada muito amada
não entende quase nada
nunca vem de madrugada
procurar por onde estou
é preciso ó doce namorada
seguirmos firmes na estrada
que leva a nenhuma dor
minha doce e triste namorada
minha amada idolatrada
salve
salve
o nosso amor.

*1965. Musicada por Caetano Veloso.*

# A RUA

Toda rua tem seu curso
Tem seu leito de água clara
Por onde passa a memória
Lembrando histórias de um tempo
Que não acaba
De uma rua, de uma rua
Eu lembro agora
Que o tempo, ninguém mais
Ninguém mais canta
Muito embora de cirandas
(Oi, de cirandas)
E de meninos correndo
Atrás de bandas
Atrás de bandas que passavam
Como o rio Parnaíba
Rio manso
Passava no fim da rua
E molhava seus lajedos
Onde a noite refletia
O brilho manso
O tempo claro da lua
Ê, São João, ê, Pacatuba
Ê, rua do Barrocão
Ê, Parnaíba passando
Separando a minha rua
Das outras, do Maranhão
De longe pensando nela
Meu coração de menino
Bate forte como um sino
Que anuncia procissão
Ê, minha rua, meu povo
Ê, gente que mal nasceu
Das Dores, que morreu cedo

Luzia, que se perdeu
Macapreto, Zé Velhinho
Esse menino crescido
Que tem o peito ferido
Anda vivo, não morreu

Ê, Pacatuba
Meu tempo de brincar já foi-se embora
Ê, Parnaíba
Passando pela rua até agora
Agora por aqui estou com vontade
E eu volto pra matar esta saudade
Ê, São João, ê, Pacatuba
Ê, rua do Barrocão.

*1965. Musicada por Gilberto Gil.*

# MEU CHORO POR VOCÊ

Há quanto tempo já não tenho mais
Ninguém pra mim, pra me dar tanto amor
Como o amor que perdi
Tanto tempo perdi
Procurando encontrar outro alguém por aí
Por onde andei, cansei de procurar
Vê, não encontrei você, não encontrei
Mais ninguém
Quem amou demais nunca mais vai poder amar
O amor que a gente perde um dia
Nunca mais na vida
De novo se tem

Ah, escute bem e saiba logo de uma vez
que nunca ninguém neste mundo me fará feliz
Como você me fez
Ah, meu amor.

*1965. Musicada por Gilberto Gil.*
*Em parceria com Isaura Garcia, Noite Ilustrada gravou,*
*em 1970, o LP* Papo furado, *gravadora Continental.*
*Entre outras, Noite Ilustrada canta "Meu choro por você".*

# LOUVAÇÃO

Vou fazer a louvação, louvação, louvação
Do que deve ser louvado, ser louvado, ser louvado
Meu povo, preste atenção, atenção, atenção
Repare se estou errado
Louvando o que bem merece
Deixo o que é ruim de lado
E louvo, pra começar
Da vida o que é bem maior
Louvo a esperança da gente
Na vida, pra ser melhor
Quem espera sempre alcança
Três vezes salve a esperança!
Louvo quem espera sabendo
Que pra melhor esperar
Procede bem quem não para
De sempre mais trabalhar
Que só espera sentado
Quem se acha conformado
Vou fazendo a louvação, louvação, louvação
Do que deve ser louvado, ser louvado, ser louvado
Quem 'tiver me escutando, atenção, atenção
Que me escute com cuidado
Louvando o que bem merece
Deixo o que é ruim de lado
Louvo agora e louvo sempre
O que grande sempre é
Louvo a força do homem
E a beleza da mulher
Louvo a paz pra haver na terra
Louvo o amor que espanta a guerra
Louvo a amizade do amigo
Que comigo há de morrer

Louvo a vida merecida
De quem morre pra viver
Louvo a luta repetida
Da vida pra não morrer
Vou fazendo a louvação, louvação, louvação
Do que deve ser louvado, ser louvado, ser louvado
De todos peço atenção, atenção, atenção
Falo de peito lavado
Louvando o que bem merece
Deixo o que é ruim de lado
Louvo a casa onde se mora
De junto da companheira
Louvo o jardim que se planta
Pra ver crescer a roseira
Louvo a canção que se canta
Pra chamar a primavera
Louvo quem canta e não canta
Porque não sabe cantar
Mas que cantará na certa
Quando enfim se apresentar
O dia certo e preciso
De toda a gente cantar
E assim fiz a louvação, louvação, louvação
Do que vi pra ser louvado, ser louvado, ser louvado
Se me ouviram com atenção, atenção, atenção
Saberão se estive errado
Louvando o que bem merece
Deixando o ruim de lado.

*1965. Musicada por Gilberto Gil.*

# IMPROVISO DE QUERER BEM

(para toda essa gente)
viva o rei e a rainha
viva sua filha a princesa
viva o príncipe que vai
morrer com sua realeza.

viva meu pai minha mãe
e meus amigos também
viva eu que tenho isso
que muita gente não tem.

viva a cidade do rio
três vezes viva a bahia
viva eu que lá morava
com prazer e alegria.

viva o senhor do bonfim
viva a mãe iemanjá
viva eu que sou da terra
viva eu que já vi o mar.

viva caetano e bethânia
viva rodrigo e roberto
viva eu que os conheço
e os amo de longe ou perto.

viva hélio viva duda
amigos do coração
viva eu que gosto deles
e que deles sou irmão.

viva a terra nordestina
onde a luz primeira eu vi
viva eu que sou do norte
viva eu que lá nasci.

viva luís carlos prestes
irmão velho e camarada
viva o partido do povo
que leva o povo à vanguarda.

viva dorival caymmi
cantando coisas do mar
viva eu, também baiano
mesmo sem nascendo lá.

viva ataulpho, sambeiro
de inspiração sem igual
viva eu que canto samba
e até que não canto mal.

viva noel, mesmo morto
viva noel viva viva
viva a vila sua terra
viva viva viva viva.

viva rodrigues, amigo
garçom do saudoso lamas
viva eu que lá bebia
toda noite muitas brahmas.

viva aderbal de aquino
querido amigo do peito
que nesta nossa amizade
não tem ninguém que dê jeito.

..................................

e finalmente, isto é claro
viva minha nega linda
sem a qual pra todo o sempre
minha vida é coisa finda.

*24/1/1964*

# CANTO NEGRO PARA SER ESQUECIDO

Era um homem que possuía um molho de chaves.
Chaves do escritório, da mesa
Da portaria
Chave do apartamento.
Chave do outro apartamento
Chave daquela casa...
– E, por isso, sentia-se a criatura mais importante do mundo.
Um dia
Enquanto esperava numa fila de lotação
Veio um punguista e carregou-as todas.
O homem começou então a definhar tristeza.
Criou complexos
Até que num domingo
Suicidou-se num bar perto da praia
Bebendo uma dose de uísque ordinário
Com três pitadinhas de veneno mata-ratos.

*Rio de Janeiro, março, 1963.*

# VIA CRUCIS

abriu-se a porta e todo este meu ser entrou
desajeitado e tonto
Verificados os lábios que sangravam
e as mãos que não se retorciam
meu eu assinou a ficha inicial e na parede marcou exatamente
o tempo.
Dormiam-se nas cavas do silêncio
as quatro musas que nunca invocarei

*Janeiro, 1963.*

# CANTO FÚNEBRE À ETAPA PRIMEIRA

## I

Na rosa murcha que pende deste vaso
Alevantado entre o ser e o desistir
A minha vida se desalicerça do passado, do futuro,
Procura aniquilar a esperança presente ainda num condicional
Bisonho e transparente
E se descobre seca e nua de frente ao paredão;
Jogada nesse espaço de planos sinuosos
E de linhas obrigatoriamente oblíquas
A minha vida se perde diletante e ausente
No labirinto dos dias mal-vividos e agora irrecuperáveis.
Entraria em campo como fosse o tempo,
lutaria à morte
e transporia a muralha.
Mas a minha vida enojou-se das batalhas
Fez voto de obediência e calou-se à sua própria sina.

## II

A rosa murcha pende deste vaso
e se derrama intacta nas mãos que a receberam
e que não sabem mais como acordá-la.
E eu percebo que a minha vida nada vale
sem a ilusão da rosa que murchou e pendeu
para se misturar ao espírito da terra que recebe os restos
                        [das coisas semataúdes ou prantos
e os transforma em leves resquícios de saudade.
Junto aos meus pés restou a minha vida.
E no meu campo caíram todas as árvores
desfizeram-se todas as raízes
e poluíram-se as águas.

Todo o meu ser chorou angustiado ante a verdade morta
e o abandono da rosa a caminho do meu cemitério. E na volta,
figura e filme
máquina e lente
a minha vida amasiou-se ao tempo, dilacerou a carne
e pôs-se firme e reta numa caixa inviolável,
selada e remetida por si mesma aos confins do plano esburacado
onde apodrece a rosa.

*Rio de Janeiro, janeiro, 1963.*

# POEMA DA QUARTA-FEIRA DE CINZAS

E em sendo rosa
é como se fosse a cicatriz de tempo
brotando trágica
nos lombos do poema.
Pranto e forma desconexos
— são distância imensurável
pressentida em corpo rosabranca
e na concepção amarga da perda.
E desce.
O poema em carne e osso desce em rio violento
num tempo violento
de samba
e baticuns.
Sob o corpo
o poema universal
metamorfoseado em amor. Seria hoje
como poderia ter sido ontem.
Nunca amanhã — nunca é possível descobri-lo
no amanhã. Imagina-se o que desce
e passa.

Se fria fosse a noite
não poderia haver o ritmo cadente
e compassado
do samba desfilando na avenida.
E não haveria o filamento de ternura
que o poeta enxergou na face descoberta
acompanhando o samba na avenida.
Não haveria poema. Nem lembrança.
Mas eis dentro da noite a figura
que sacode os ombros
que levanta as pernas
e arreganha a boca

fosse visão de bêbado na esquina
ou simplesmente a descarga de emoções
que se guardou demais em deslocadas masmorras quinhentistas
e nada mais poderia despertar nenhuma ânsia
mas era verdade.

E em sendo rosa
é também o fruto de um caminho repisado
a descer feito poema
e amor
pela garganta incerta da avenida.
Na mão
talvez trouxesse a oferenda
que não foi entregue.
Não se viu senão o fato da passagem
a cara pintada
sorriso acanhado de índio selvagem
e as pernas.
E viu-se tudo.

Procurar nos relógios a marca do tempo
é nada encontrar.
Pois que a marca do tempo está impressa
em cicatriz
nos lombos do poema.
na face do poema.
No corpo do poema.
Sentir-se o estender da mão inatingível
e esticar os braços
não resulta em apego
mas em maior distância ainda.
E o que pensar, então?
– não pensar.

Fosse num sábado
e nada mudaria.

Aliás não mudaria nem mesmo em sendo
sábado ou domingo
ou nunca mais.
Pressentida foi a vinda do ataque
E nada pode ser feito.
Era uma rosa
feito um jardim de rosas entreabertas
em meio à podridão de uma latrina.

Interessante
que pensou-se até em fuga
e descobriu-se que todos os caminhos já se
haviam fechado
dentro dos muros de certeza pura.
E nem fugir se pode...
A cicatriz encobria as tintas do poema
e tudo o mais que não era
deixou de ser por completo
a angústia
para tornar-se em fato consumado
(a meio do caminho)
na praia quase deserta
e muito fria.

Ah! Cidadão do mundo
e cego
que bem poderias ter sentido tudo
sem nada desfazer...
Ontem seria hoje
e amanhã não poderia perturbar o olfato
que cheirava tudo
e que lhe parecesse amor
e que voltava trancado nas narinas
e não contra amor nenhum.

Se na calçada
outros músicos tocassem a marchinha
em paupérrimos conjuntos
de rebeca e banjos,
outros cruzeiros miseráveis
seriam despejados nos seus bolsos.
Mas os músicos (tristes) extinguiram-se
e caminhar foi a obrigação do poeta.
Falou-se em amor
— mas se a cicatriz tudo devora?
Mas era amor.
Do ingênuo...

Na praça procurou-se pelos pombos
(como num último pedir de moribundo)
— e os pombos dormiam.
Dormiam muito sós nos seus silêncios
e nos seus medos
de quem
de cima
(calado)
observava tudo
e sentia aquela angústia
propriedade particular dos deuses.
E faziam amor
sem coisa alguma mais do que amor.
Sem cicatrizes impressas em nenhum lombo.
Sem momentos despejados na areia.
Sem músicos.
Sem cruzeiros.

*Rio de Janeiro, março, 1963.*

# ELEGIA À COISA ALUCINANTE

### 1

Eu amo tanto a coisa que me esmaga
e me corrói, deixando apodrecida a minha alma que não existe.
Eu amo tanto a coisa alucinante
fada de sonhos
horror do dia
que me reduz a ser ambíguo e podre. Eu amo tanto
a coisa, alucinante coisa,
inexcedível coisa que me corrompe a mente
que me transporta ao caos
e estatelado
termina sempre por jogar-me de encontro ao fato,
único fato que me priva a fuga.
Meu Deus, eu quero tanto a coisa.
Mas não, não deixarei passar em branco a noite de pedra e fogo
de azul e rosa, noite de angústia,
última fonte de que extraio a vida. Não deixarei
passar dentro da noite a coisa ardente que me leva erguido e vertical.

Lutar demais não posso.
Tão longa a noite...
Tão firme a coisa...
Mas por tudo – de mim não escapará esta ferida braba que me come os
[dedos
e me desperta e me devolve o sentimento da coisa
única coisa que é o meu impulso e transportar-me ao tempo do sem-fim.

# 2

O fato amargurado que nasceu de mim
de ti
de tudo – afunda em preto a dor que
      já não sinto.

A noite que açambarca inteiro o mundo triste
                               de copos quebrados
                                 luares de néon
                                 estrelas de alumínio
                                 boêmios fabricados pra turistas
                                 becos escuros
                                    tarados soltos
                                      chopes
                                      frutos
                                      ovos
                                      rosas
– é tudo inconsequente e frio na fórmula pensada de uma vida
que tateia às cegas nas paredes do mundo.
Chovem as angústias
alagam-se estas vidas
                eu você
                você e eu
o fato consumado e amargo que ilumina a noite.
Através das frestas das janelas, transpondo as barras dos gradís.
Não os vejo. Pois que atolei completas neste esgoto
as minhas mãos tornadas cicatrizes. Feridas que já foram
e agora arrasam o resto que ainda somos.
Eu e você. Nós dois na noite.
E aquela lua azul-vermelha de néon
A esbranquiçar a todo que já somos, deixando os pares loucos, transviados
Perdidos no vaivém alucinante
Do compasso tresloucado deste mambo.

                                            *Rio de Janeiro, janeiro, 1963.*

# UM CIDADÃO COMUM

Sempre subindo a ladeira do nada,
Topar em pedras que nada revelam.
Levar às costas o fardo do ser
E ter a certeza de que não vai ser pago.

Sentir prazeres, dores, sentir medo,
Nada entender, querer saber de tudo.
Cantar com voz bonita pra cachorro,
Não ver "PERIGO" e afundar no caos.

Fumar, beber, amar, dormir sem sono,
Observar as horas impiedosas
Que passam carregando um bom pedaço
Da vida, sem dar satisfações.

Amar o amargo e sonhar com doçuras
Saber que retornar não é possível
Sentir que um dia vai sentir saudades
Da ladeira, do fardo, das pedradas.

Por fim, de um só salto,
Transpor de vez paredão.

*Rio de Janeiro, 9/8/1962.*

# PANORAMA VISTO DA PONTE

Azulejos retorcidos pelo tempo
Fazem paisagem agora no abandono
A que eu mesmo releguei um mal distante.
Faz muito tempo e a paisagem é a mesma
Não muda nunca – sempre indiferente
A céus que rolem ou infernos que se ergam.

Alguns vitrais. E em cinerama elástico
O mesmo campo, o mesmo amontoado
Das lembranças que não querem virar cinzas.

Três lampiões. As cores verde e rosa
A brisa dos amores esquecidos
E a pantera, muito negra, das paixões.

Não passa um rio enlameado e doce
Nem relva fresca encobre a terra dura.
É só calor e ferro e fogo e brasa

Que insistem como cobras enroladas
Nos grossos troncos, medievais, das árvores.
Uma eterna camada de silêncio

E o sol cuspindo chumbo derretido.
O céu é azul – e como não seria?
Mas tão distante, tão longínquo e azul...

*Rio de Janeiro, 13/12/1962.*

# A CHAVE DO COFRE

Ser andorinha
chacal
jiboia

Crescer com ares
Águas
Terreno

Ver alvoradas
lutos
desastres
Trancar-se em livros
jornais
papéis
Nunca pensar
parar
ou sorrir

Jamais ficar
abrir
nem ser lido.

*Rio de Janeiro, 8/8/1962.*

# FIXAÇÃO DO MOMENTO

a pequena vila vai ficando longe.
o rio sinuoso, águas barrentas e provavelmente frias,
vai circundando tudo.
os fios do telégrafo em louca disparada
riem de quem fica e de quem passa,
verde por todos os lados.
pelos três lados, verde, verde, verde:
este trem ruma pra minas...
vagão-leito com sonhos de meninas, meninos
e velhas paralíticas.
poltronas do vagão "c" com rostos cansados
ansiosos
e aquele casalzinho em lua de mel.
vagão-restaurante com garçons de cara dura
e bife de carne dura...
vacas, bananeiras
pés de cana e de eucalipto
lá embaixo, mangueiras.
eu cansado...

o céu é azul
o sol é refrescante

... penso que o trem se esqueceu
de que minas não há mais...

*E. F. C. B.[2], 15/7/1962.*

---

2 Estrada de Ferro Central do Brasil.

# INSÔNIA

Os pés gelados de frio
escuto a chuva caindo
o ronco do meu amigo
a conversa lá de cima.

Hoje tem festa por lá...

Em cama alheia me estendo
a cabeça tão distante
pensando em certas tolices
que era melhor não pensar.

Hoje tem festa por lá?

Sinto uma coisa esquisita
passando na minha espinha
(não sei se a volta inda custa
nem mesmo se vou voltar)

hoje tem festa por lá!

Menino veste o teu terno
e vamos logo saindo
que o tempo não espera não
nem adianta esperar:

Hoje tem festa por lá.

*Rio de Janeiro, 8/7/1962.*

# BILHETINHO SEM MAIORES CONSEQUÊNCIAS

Uma retificação, meu caro Vinicius:
Você falou em "bares repletos de homens vazios"
e no entanto se esqueceu
de que há bares
lares
teatros, oficinas
aviões, chiqueiros
cheinhos (ao contrário)
de homens cheios
Homens cheios.
(e você bem sabe)
entulhados da primeira à última geração
da imoralidade desta vida
das cotidianas encruzilhadas e decepções
da patente inconsequência disso tudo.
Você se esqueceu
Vinicius, meu bom,
dos bares que estão repletos de homens cheios
da maldade insaciável
dos que fazem as coisas
e organizam os fatos.
E você
que os conhece tão de perto
Vinicius "Felicidade" de Moraes
não tinha o direito de esquecer
essa parcela imensa de homens tristes,
condenados candidatos naturais
a títulos de tão alta racionalidade
a deboches de tal falsa humanidade.

    Com uma admiração "deste tamanho".

*Rio de Janeiro, 7/7/1962.*

# NOTÍCIA

o momento é horrivelmente eufórico.
vazio entretanto.
hemorragias incuráveis
de lacrimogêneas futilidades
desfilam com os impassíveis elefantes.
árvores espiam. nuvens gotejam.
formigas dormem parindo formigas.
mulheres se coçam.
tudo tão vazio que dá pena...
angústias sobem até a boca
e a gente as engole
uma
a
uma.
meninas milionárias.
toumanovas embrionárias
mas faveladas.
vermelho
negro.
noir et rouge.
a lua se acende para que voem os aviões.
Sinatra persiste em cantar bem.
o globo informa:
— tudo muito oco.

*Rio de Janeiro, 11/5/1962.*
*(No poema acima, há a indicação de ótimo,*
*feita por Walmir Ayala.)*

# POEMINHA SÓ DE BRINCADEIRA

Sacro
sacripanta
sem sal
e sem ponta
arrufa
na porta
da casa
da moça
da dona
da casa
(sem asa)
com brasa
que vaza
vazando... vazando
sumindo.

(Oh! mero
imitador
de Homero
o grego
da história
da guerra
de Troia)

Helena.
Verbena
tem pena
de mim.

E o sacripanta
da santa
do altar
de jacarandá

pintou os canecos
da cor
do carmim

(Qual é a cor do carmim?)

*Teresina, 26/12/1961.*

# À PARTE

Tenho andado um bocado,
                    abobalhado,
                    alucinado,
à procura não sei de quê.
                    Por que não acho?
amigos,
amores,
alegrias,
amanhãs,
e o pior:
    ontens.
cadê o presente?

*Bahia, 31/10/1961.*

# TEMA

"... e agora, José?"
perguntou o Carlos Drummond.
E agora, José,
Responde depressa ao Carlos Drummond.
Responde, José, responde se és homem:
"... e agora?"

Ainda:
Ele é teu mestre,
José;
Ele é teu amo,
José;
José;
Ele é teu pai,
Responde-lhe: "... e agora?"

Pelo menos, José do Carlos Drummond de Andrade,
Informa, depois de pensar:
Quem é o culpado de eu não ser poeta?
O Carlos Drummond?
Meu pai?
Minha mãe?
Tu, José?

Será que tiraste toda a poesia
Que antes brotava,
Jorrava de mim?
Por quê, José?
Por quê?

José do Carlos Drummond:
Tu és um ladrão.
Roubaste a minha poesia.

Deixaste-me só.
Abandonado, nu.
Sem poesia, sem nada.

*Bahia, 10/10/1961.*

# POEMAS SEM TÍTULO

a santa morta
mor      na      impres
                           são
a curva
vistavisão

a santa morna
mor    ta    a
                manhã
seca do seco
            som
&
acesa-na-mão

santa & sentada
santa
& sem pé    sem pelos
na fé

(deus
nos olhos da santa
teu o
l h o
o um que não canta
& não canta
a mó
    rn
      a impressão):

eis a santa
ei-lo chão.

peço com os olhos.
meu coração é um pedaço de papel.
a minha mão navega
itinerários
rotas
da cabeça;
peço
puxo pelos olhos: a
minha boca
só se move
por ser móvel
notável

    ↘pimenta,
minha boca não é nada louca
não é nada, minha boca
de monica vitti
só não quer ficar parada
na tua frente. é diferente

meu coração é um pedaço de papel
riscado
rasgado
queimado
malvado
por aí mesmo despedaçado
e por qualquer lado: minha mão navega
pelos meus olhos. a minha boca se move
 → é muito diferente ← prove comigo
esta amarga aguardente. peça com os olhos, peça.
era um pacato cidadão de roupa clara
seu terno, sua gravata lhe caíam bem
seu nome, que eu me lembre, era ezequias
casado, vacinado e sem ninguém
brasileiro e eleitor, seu ezequias
reservista de terceira e com família

três filhos, prestações e alguns livros
(enciclopédias e biografias)
era um pacato cidadão de roupa clara
era um homem de bem que eu conhecia
cumpria seus deveres, trabalhava
chegava cedo em casa de madrugada
lutando pelo pão de cada dia
era um pacato cidadão de roupa clara
e todo dia passava e me dizia
que o mundo estava andando muito mal
eu perguntava por quê, eu perguntava
seu ezequias nunca me explicava
apenas repetia
lá dentro do seu puro tropical
este mundo vai seguindo muito mal
este mundo, meu filho, vai seguindo muito mal
ah, seu ezequias!
que pena, que desastre, que tragédia
que coisa aconteceu naquele dia
seu ezequias, ah, seu ezequias
saiu do emprego e foi tomar cachaça
e apenas de manhã voltou pra casa
batendo na mulher, xingando os filhos
seu ezequias, ah seu ezequias
era um pacato cidadão de roupa clara
era um homem de bem que eu conhecia
e agora é a vergonha da família

Neste momento em que devem existir centenas de outros bares
espalhados onde outros tantos poetas também sentem e exalam esta
[verdade
sem que possam compreendê-la e a aceitarem; neste momento em
que os que compreendem também têm que aprofundar-se no raso de
[alguns
copos e também sentem a necessidade de algum
de muito jazz
com o qual possam realizar o exorcismo que os acorde
deste pesadelo insuspeitado
e muito triste;
Neste momento em que os homens e mulheres continuam a se vender
por qualquer outro momento
e em que os homens e as mulheres quase têm certeza de que
[continuam
a vender suas angústias
em troco de mal-quebradas ilusões sem base ou cimo;
Neste momento em que todos se abraçam em um só desespero
e procuram um ponto de apoio
e encontram apenas um ponto de apoio;
Neste momento é preciso amar este ponte de apoio;
Neste momento é preciso louvar esta cabeleira branca
esta força última
estes olhos que brilham ainda lúcidos
esta garganta que protesta e sempre
esta velhice que é a juventude de um mundo que ainda consegue
[alimentar
Esta vontade de ser a estufa da vida e o pasto dos homens
Esta trágica vontade de ser mundo
– e se mande dizer à cabeleira branca
e à força última
e aos olhos ainda lúcidos
e à garganta que protesta de Lord Bertrand Russell
que os poetas do mundo e que os homens do mundo o amam
e o veneram
e lhe precisam

poema
de pó
de pena:
a n a:
supramor.                    poema
como se espreme
a cana
do engenho,

cor. & a pena
de escrever, êia
( brunn )
êi-la-a-cor?

meu corpo é o fogo

e o corpo: é o
que guardei
de três viagens muito além
do ovo

aí

não é mais o meu país
é uma sombra que pende
do meu nariz,
em linha reta

não é uma cidade
: é o maior sistema
que empensamenta e projeta
o mal da idade

nem é a minha casa
::: quem quer que faça outra
não conseguirá a casa,
nem as asas

aqui: poema
d e  p ó
d e  p e n a: guanabara, arena, o
bê: a
onde, torta, e mais
(morri)
por quê?

o poeta nasce feito
assim como dois mais dois;
se por aqui me deleito
é por questão de depois

a glória canta na cama
faz poemas, enche a cara
mas é com quem mais se ama
que a gente mais se depara

ou seja:

quarenta e sete quilates
sessenta e nove tragadas
vinte e sete sonhos, noites
calmas, desperdiçadas.

saiba, ronaldo, acontece
uma vez em qualquer vida:
as teias que a gente tece
abrem sempre uma ferida

no canto esquerdo do riso?
No lado torto da gente?
talvez.
o que mais forte preciso
não sei sequer se é urgente

nem sei se sou o caso
que mais mereço entender —
de qualquer forma, o A-caso
me deixa tonto. e querer

não é sentar, ter na mesa
uma questão de depois:
é, melhor, ver com certeza
quem imagina um mais dois

*paris, europa, o brasil lá no brasil,*
*seis de setembro de 1969*

rio - ::: - +
alô = + = $%

agorete, mariagorete, mar-tá?
serteneja seu pudec &
se
o meudin
heiro venc
e
e
amargoret-te
a curvacurvili
nea
emSÃO p au l o
poddredredresdrederdssaz
cruzeiros mais uk menos hojk fFg
brichitetetcv: −
cão, somos, sereire mos, alvinho mas, más, dan
ninhas aves espanholas, avém, cris, crirtrfvom.:!

torqua l to neto- 71-1-nove

student
ário, alçapão, cala
bo
u
ço
primo dele, eu mesmo.
ontem como se fosse hojíssimo, now
craterona, rata, malhur, mulher
? CREDO ?

o avião supersônico
contrasta com minha vida
este país dos meus sonhos
não tem mais nada comigo
não me cultiva nem deita
ao meu lado se preciso

o avião supersônico
o meu dinheiro não compra
compro ilhas compro noivas
compro roupas que me cobrem
mas esse avião ligeiro
não compro com meu dinheiro...

o avião supersônico
é meu amor derradeiro
é nele que chego e [causo]
com meu tão rico dinheiro
o avião supersônico
não sabe que estou solteiro
não sabe que o meu dinheiro
compra tudo mais barato:
(antigamente, quem lembra
que eu não tinha sapatos?)
compro ilhas, compro noivas
vendo tudo no atacado.

# CRONOLOGIA BIOGRÁFICA

Filho único do promotor público Heli da Rocha Nunes de Araújo e da professora primária Maria Salomé da Cunha Nunes.

Aos 11 anos pediu de presente ao pai as obras completas de Shakespeare, poucos anos depois ganhou também as obras completas de Machado de Assis.

Aos 15 anos foi expulso de um colégio em Teresina (PI), por atividades políticas. Depois, em 1961, mudou-se para Salvador, onde estudou no Colégio Nossa Senhora da Vitória, fazendo amizade com Gilberto Gil e trabalhando como assistente no filme *Barravento*, de Glauber Rocha; depois, ainda em 1961, participou como ator, ao lado de Duda Machado, no filme *Moleque de rua*, de Alvinho Guimarães, com trilha sonora composta por Caetano Veloso.

Poliglota, falava fluentemente inglês, francês e espanhol.

Em 1963 mudou-se para o Rio de Janeiro, passando a residir na Casa do Estudante Universitário (UNE), no bairro do Flamengo, Zona Sul da cidade. No ano seguinte, em 1964, apareceu como figurante (jogando sinuca no bar Café Lamas, no Flamengo, Zona Sul do Rio de Janeiro) no filme *Canalha em crise*, do cineasta piauiense Miguel Borges (estrelado por Joffre Soares e Tereza Rachel).

Trabalhou em jornais, gravadoras e agências de publicidade.

No ano de 1965 iniciou parceria com Gilberto Gil e Caetano Veloso. Neste mesmo ano, levado pelo jornalista Natalício Norberto, trabalhou no aeroporto do Galeão (depois aeroporto Tom Jobim), na agência de notícia do aeroporto.

Com Caetano Veloso e Capinan, escreveu o show *Pois é*, estrelado por Vinicius de Moraes, Maria Bethânia e Gilberto Gil, em setembro de 1966. Ainda neste ano, Jair Rodrigues e Elis Regina, no LP *Dois na bossa nº 2*, gravaram "Louvação" (com Gilberto Gil); em disco solo, Elis interpretou "Pra dizer adeus" e "Veleiro", parcerias de Torquato Neto com Edu Lobo. Jair Rodrigues, no LP *Vou deixar cair*, interpretou "Vento de maio", parceria com Gilberto Gil. Edu Lobo e Maria Bethânia, em dueto, gravaram "Pra dizer adeus", "Veleiro" e "Lua nova", no disco *Maria Bethânia*, sendo todas as composições parcerias de Edu e Torquato.

No ano seguinte, em 1967, Nara Leão interpretou "Vento de maio" (com Gilberto Gil); Gilberto Gil gravou "A rua", "Minha senhora" e "Louvação", parcerias com Gil. Gal Costa e Caetano Veloso, no LP *Domingo*, gravaram "Zabelê", "A rua", "Domingou" e "Minha senhora", parcerias de Torquato com Gilberto Gil, e "Nenhuma dor" (com Caetano Veloso), além da composição "Rancho da Rosa Encarnada", de Torquato, Geraldo Vandré e Gilberto Gil. Caetano Veloso, em compacto simples, interpretou "Ai de mim, Copacabana", parceria de ambos.

Trabalhou no jornal *Correio da Manhã*, fez crítica de cinema no suplemento "Plug", no qual travou amplas discussões com o pessoal do Cinema Novo.

No *Jornal dos Sports*, no suplemento "O Sol", manteve a coluna "Música Brasileira", em 1967, na época, com apenas 23 anos.

Escreveu o breviário *Tropicalismo para principiantes*, no qual situou o movimento como inspirado na revolução provocada, na Europa, pelo filme *Bonnie and Clyde*, bem como na necessidade de criar um pop autenticamente brasileiro.

Em 1967 Torquato e Ana Maria Santos e Silva se casaram na igreja de São Pedro Apóstolo, no bairro da Tijuca, Zona Norte do Rio de Janeiro.

Entre 1967 e 1968 trabalhou como diretor de relações públicas da gravadora Phillips (como divulgador, escrevendo *press releases* para os artistas da casa) e no setor de propaganda da Editora Abril.

É considerado um dos principais letristas do movimento tropicalista, sendo o autor da ideia de um "disco-movimento", do qual participou, chamado *Tropicália ou panis et circensis*, lançado em 1968, ao lado de Caetano Veloso, Gilberto Gil, Gal Costa, Tom Zé, Nara Leão, Capinan, os Mutantes e Rogério Duprat (grupo que aparece na capa do disco). Segundo o poeta paulista Décio Pignatari: "O termo certo em latim seria '*panem*' e não '*panis*'".

Nesse LP foram gravadas, de sua autoria, "Geleia geral" (com Gilberto Gil), cantada pelo parceiro, e "Mamãe, coragem" (com Caetano Veloso), interpretada por Gal Costa. Nesse mesmo ano de 1968, Caetano Veloso gravou duas parcerias de ambos: "Deus vos salve a casa santa" e "Ai de mim, Copacabana"; Nara Leão regravou "Mamãe, coragem" e "Deus vos salve a casa santa", ambas em parceria com Caetano Veloso; Gilberto Gil interpretou "Marginália II" e "Domingou", ambas de sua parceria com Torquato. Participou do programa *Divino, maravilhoso*, de Caetano Veloso e Gilberto Gil, apresentado na TV Record, em São Paulo. Elizeth Cardoso, no LP

*Momentos de amor*, interpretou, de sua autoria, "Pra dizer adeus", letra usualmente considerada uma das obras-primas da MPB. Maria Bethânia, no LP *Recital na Boate Barroco – Ao vivo*, interpretou "Marginália II". Em 1969, Gal Costa gravou "A coisa mais linda que existe", parceria de Torquato com Gilberto Gil. Nonato Buzar gravou "Quase adeus" (Nonato Buzar, Carlos Monteiro de Souza e Torquato Neto); e Elizeth Cardoso regravou "Pra dizer adeus", no LP *Elizeth Cardoso e Zimbo Trio balançam na Sucata*, pela gravadora Copacabana. Gal Costa no LP *Gal Costa* interpretou "Coisa mais linda que existe", parceria com Gilberto Gil. No ano seguinte, em 1970, Nonato Buzar interpretou "Que película", parceria de ambos. Sérgio Mendes, no LP *Sérgio Mendes presents Lobo*, disco lançado somente no mercado americano, verteu para o inglês "Pra dizer adeus", renomeada para "To say goodbye", interpretada em inglês pela cantora Lany Hall. Teve sua composição "Meu choro pra você", em parceria com Gilberto Gil, interpretada por Isaurinha Garcia e Noite Ilustrada no LP *Papo furado*, de Isaura Garcia e Noite Ilustrada, lançado pela gravadora Continental. Já em 1971, compôs com Nonato Buzar "O homem que deve morrer", tema de abertura da novela homônima da TV Globo. Compôs, com Roberto Menescal, "Tudo muito azul", que fez parte da trilha sonora da novela *Minha linda namorada*, da TV Globo, interpretada por Ângela e Paulo Sérgio Valle. Outro sucesso de sua autoria, "Let's play that" (com Jards Macalé), foi gravado pelo parceiro em 1972. Nesse mesmo ano a cantora Lena Rios gravou "Sem essa, aranha", parceria com Carlos Galvão em disco homônimo. Após sua morte, Marcos e Paulo Sérgio Valle compuseram a música "Samba fatal", em sua homenagem. Em 1973, Gal Costa interpretou "Três da madrugada", parceria com o baiano Carlos Pinto. Orlando Silva regravou "Pra dizer adeus", no LP *Orlando Silva hoje*. Ainda na década de 1970, Paulo Diniz musicou e lançou, em disco, "Um dia desses eu me caso com você".

A convite de Ricardo Cravo Albin, então diretor do Museu da Imagem e do Som, passou a fazer parte, como assistente, do Conselho de Música Popular da instituição. Também escreveu, neste período, em parceria com José Carlos Capinan, o roteiro *Vida, paixão e banana do tropicalismo*, que seria dirigido, na TV, por José Celso Martinez Corrêa, mas que não chegou a ser montado por nenhuma emissora.

Em 27 de março de 1970 nascia Thiago Silva de Araújo Nunes, filho único do casal Torquato Neto e Ana Maria Silva de Araújo Duarte.

Em 1971 atuou no papel principal do filme *Nosferatu no Brasil*, de Ivan Cardoso, que também contava no elenco com Scarlet Moon, Daniel Más, Helena Lustosa, Cristiny Nazareth, Zé Português, Ciça Afonso Pena, Ricardo Horta, Marcelino, Ana Araújo, Martha Flaksman, entre outros.

Em novembro de 1971 voltou para Teresina, internando-se na Clínica Meduna para uma desintoxicação por uso de bebida alcoólica. Ainda em 1971, teve outra experiência como ator. A convite de Carlos Galvão (um dos editores do jornal *Gramma*, de Teresina), atuou no papel principal do filme, em super-8, *Adão e Eva no Paraíso do Consumo*. No filme, com roteiro de Edmar Oliveira, fez o papel de Adão, e Claudete Dias o papel de Eva. Atuou no curta-metragem *Helô e Dirce*, de Luiz Otávio Pimentel, também estrelado por Zé Português e com trilha sonora de Luiz Melodia, que interpretou a composição "Negro gato", de Getúlio Cortes.

Escreveu, entre 1971 e 1972, uma coluna diária, "Geleia Geral", no jornal carioca *Última Hora*, a qual encerrou voluntariamente.

Com o poeta baiano Waly Salomão criou a revista *Navilouca*, publicação que reunia poetas da dita "Geração Marginal", no início dos anos 70. Contudo, o número 1 da revista só sairia anos mais tarde (1974), quando o poeta já havia falecido.

Ainda no início da década de 1970, através de sua coluna "Geleia Geral", defendia o cinema experimental de Rogério Sganzerla e Ivan Cardoso, entre outros, o que lhe valeu uma briga com o pessoal do Cinema Novo.

Rompido com Caetano Veloso e Gilberto Gil, em constantes desavenças com a TV Globo e seus festivais, e com o CNDA (Conselho Nacional de Direitos Autorais) já extinto, sentia-se perseguido pelos "patrulheiros ideológicos" tanto de direita quanto de esquerda.

Chegou a ser internado algumas vezes no hospital psiquiátrico Odilon Galotti, no bairro de Engenho de Dentro (subúrbio do Rio de Janeiro), e foi internado oito vezes por alcoolismo.

Solicitou, por várias vezes, que retirassem seu nome da música "Soy loco por ti, América", alegando a autoria somente para Gilberto Gil e Capinan, pois a editora musical colocou seu nome indevidamente nessa composição, fato que nunca causou mal-estar aos dois verdadeiros autores.

Escreveu e dirigiu o filme *O terror da Vermelha* (Vermelha a que o filme se refere é um bairro de Teresina), sua única experiência em direção de super-8.

Filmado em 1972, o curta-metragem só seria montado em 1973 por Carlos Galvão, trazendo como personagem principal um homem que volta a sua cidade natal (no caso, Teresina) e assassina os antigos amigos. Na trilha sonora usou suas composições "Let's play that" (com Jards Macalé) e "Mamãe, coragem" (com Caetano Veloso). A captação de cena foi feita em parceria com Arnaldo, e o elenco incluía amigos de Teresina, tais como Edmar Oliveira, Conceição Galvão, Geraldo Cabeludo, Claudete Dias, Etim, Durvalino Couto, Paulo José Cunha, Herondina, Edmilson, Carlos Galvão, Xico Ferreira, Arnaldo, Albuquerque, Heli e Saló, além do próprio Torquato Neto.

Ainda em 1972, atuou no filme *A múmia volta a atacar*, dirigido por Ivan Cardoso, com elenco também integrado por Zé Português, Wilma Dias, Helena Lustosa, Neville D'Almeida, Ciça Afonso Pena, Jorge Salomão, Óscar Ramos, Clarice Pelegrino e Lon Chaney Jr. No mesmo ano, atuaria no filme *O padre e as moças*, dirigido por Ivan Cardoso.

Em 10 de novembro de 1972, após a festa de comemoração de seus 28 anos de idade, levou sua mulher Ana Maria Silva de Araújo Duarte e o filho Thiago para casa, esperou que ela dormisse, trancou-se no banheiro e abriu o gás, deixando o seguinte bilhete: "Pra mim chega. Vocês aí: peço o favor de não sacudirem demais o Thiago que ele pode acordar."

Em 1973 Waly Salomão e Ana Maria Silva de Araújo Duarte (a viúva) reuniram algumas de suas poesias, letras e textos editados na coluna do jornal *Última Hora* e lançaram o livro *Os últimos dias de Paupéria*, que veio acompanhado por um compacto simples (duas músicas: "Três da madrugada", interpretada por Gal Costa, e "Todo dia é dia D", interpretada por Gilberto Gil, ambas em parceria com o compositor baiano Carlos Pinto). O livro também trouxe textos de apresentação de Décio Pignatari, Hélio Oiticica, Haroldo e Augusto de Campos e foi editado pela coleção *Na Corda Bamba*, da editora Pedra Q Ronca. O volume, com 116 páginas e 5 mil exemplares, se esgotaria em poucos meses. Seu falecimento foi noticiado em vários jornais do Rio de Janeiro e de Teresina. Nesse mesmo ano, por iniciativa do vereador Totó Barbosa, da Câmara Municipal da Cidade de Teresina, foi criada a rua Torquato Neto, no bairro de Boa Esperança.

Em 1974, seria enfim lançada a primeira edição (a única) da revista *Navilouca*, na qual constava dos créditos: organização e coordenação editorial de Torquato Neto e Waly Salomão, além da diagramação de Ana Araújo. Neste mesmo ano a revista *Pólen*, editada por Ana Araújo, Hélio (irmão de

Ana) e Duda Machado, publicou trechos de cartas inéditas do poeta. Dois anos depois, em 1976, foi incluído na antologia *26 poetas hoje*, de Heloísa Buarque de Hollanda (editora Labor, RJ), que traçava um pequeno painel da produção da dita "poesia marginal" brasileira. O poema que havia feito para Ronaldo Bastos é publicado na revista *Almanaque Biotônico Vitalidade*, do grupo carioca de poetas Nuvem Cigana. Em 1978, Henrique Faulhaber e Sérgio Pantoja lançaram o documentário *Todo dia é dia D*, um curta--metragem sobre sua vida e obra.

No ano de 1976, Hyldon, no LP *Deus, a natureza e a música*, lançado pela Polydor, incluiu "Pra dizer adeus", que contou com arranjo e participação do pianista Cristóvão Bastos.

No ano de 1981, no disco *Tom & Edu*, foi incluída a regravação de "Pra dizer adeus".

Em 1982, Olívia Hime regravou "Domingou" (com Gil), "A rua" (com Gilberto Gil) e "Rancho da Rosa Encarnada", parceria com Geraldo Vandré e Gilberto Gil no LP *Segredo do meu coração*. Pelos dez anos da morte do poeta, o poeta Xico Chaves organizou o evento *10 Anos Sem Torquato*, na Casa do Estudante Universitário (CEU), do qual participaram vários poetas, entre os quais o próprio Xico Chaves, Salgado Maranhão, Waly Salomão e Chacal.

No ano de 1982, a Secretaria Estadual de Cultura, Desportos e Turismo do Piauí criou o Projeto Torquato Neto, para incentivo da cultura local, patrocinando shows, eventos, encontros, gravações etc. O livro *Os últimos dias de Paupéria* foi revisto e ampliado pela editora Max Limonad, incluindo o roteiro *Vida, paixão e banana do trapicalismo*, escrito por Torquato em parceria com Capinan e que seria encenado com direção de Zé Celso Martinez. O livro passou a se chamar *Os últimos dias de Paupéria – do lado de dentro* e teve como produtores Waly Salomão, Ana Araújo e o poeta Chacal.

Em 1983, a RioArte estabeleceu o Prêmio Torquato Neto para monografias, sendo editado um livro com algumas delas no ano seguinte, em 1984, em que se destaca *Um poeta não se faz com versos*, de André Bueno, sobre a atuação de Torquato Neto na cultura dos anos 60/70. Já em 1985, a RioArte (Instituto Municipal de Arte e Cultura), da Prefeitura do Rio de Janeiro, em conjunto com a Secretaria de Cultura, Desporto e Turismo do Piauí, patrocinou o disco *Torquato Neto – Um poeta desfolha a bandeira e a manhã tropical se inicia*, com texto e entrevistas de Gilberto Gil, Tárik de Souza, Maria

Amélia Mello (RioArte) e George Mendes, coordenador do Projeto Torquato Neto, além de doze composições do poeta com vários parceiros.

Em 1988, o grupo de rock Titãs gravou o disco *Go back*, título retirado da composição "Go back", poema de Torquato Neto musicado por Sérgio Britto, um dos integrantes do grupo. Dois anos depois, em 1990, Mauro Diniz gravou "Pra dizer adeus" (com Edu Lobo), no LP *Simplesmente Mauro Diniz*, pelo selo Tropical. No ano seguinte, em 1991, no disco *Daniela Mercury*, a cantora interpretou "Geleia geral" (com Gilberto Gil).

No ano de 1992, Nana Caymmi interpretou "Zabelê" (com Gilberto Gil) e Francis Hime gravou "Minha senhora" (com Gilberto Gil). Ambas as composições foram incluídas no *songbook* de Gilberto Gil, de Almir Chediak, lançado pela Lumiar Discos. Neste mesmo ano o cineasta Ivan Cardoso produziu e dirigiu o documentário *Torquato Neto, O Anjo Torto da Tropicália – partes I e II*, para a TV Manchete, do Rio de Janeiro, com depoimentos de Augusto de Campos, Arnaldo Antunes, Caetano Veloso, Gilberto Gil, Gal Costa, Edu Lobo, Tom Zé, Julio Medaglia, Décio Pignatari, Rogério Sganzerla, Júlio Bressane, Carlos Imperial, Waly Salomão, José Mojica Marins, José Simão, Jards Macalé e Luiz Melodia. Em 1993, o grupo de pagode Só Pra Contrariar regravou "Go back" (Sérgio Britto e Torquato Neto). No ano seguinte, em 1994, no CD *Let's play that*, Jards Macalé interpretou a faixa-título, parceria com Torquato Neto.

Em 1995, os irmãos Dori e Nana Caymmi interpretaram "Pra dizer adeus" no *songbook* de Edu Lobo, também produzido por Almir Chediak. Ana de Hollanda, no CD *Tão simples*, interpretou a mesma composição. No ano seguinte, em 1996, foi apresentado o show *Tributo ao poeta Torquato Neto*, no Centro Cultural Oduvaldo Vianna Filho – Castelinho do Flamengo, no Rio de Janeiro, do qual participaram vários artistas entre músicos e poetas.

No ano de 1997, no disco *Tropicália – 30 anos* (gravadora Natasha Records), a banda Cheiro de Amor interpretou "Geleia geral". Luiz Melodia gravou "Começar pelo recomeço", parceria de ambos, no CD *14 quilates*.

Em 1998, a cantora mineira Patrícia Ahmaral, na Primeira Bienal de Poesia de Belo Horizonte, apresentou o show *Torquato Total*, só com composições do poeta. Nana Caymmi interpretou "Cantiga" (com Gilberto Gil) no CD *Resposta ao tempo*; e Jards Macalé incluiu, em seu disco *O q faço é música*, duas composições da parceria de ambos: "Dente por dente" e "Destino".

Em 1999, na caixa *Todo Caetano*, lançada somente no Japão, foi incluída a faixa "Ai de mim, Copacabana", parceria de Caetano e Torquato. A composição "Todo dia é dia D" (Carlos Pinto e Torquato Neto) foi incluída no CD *Cidade do Salvador*, de Gilberto Gil.

No ano 2000, Belô Veloso regravou "No dia em que vim-me embora" (com Caetano Veloso) e o grupo Cantores do Chuveiro incluiu, em seu show, roteirizado por Ricardo Cravo Alvin, a música "Pra dizer adeus", logo depois gravada no primeiro CD do grupo, lançado pela gravadora CID. Sérgio Britto (do grupo Titãs) interpretou, em seu disco solo, *A minha cara* (Abril Music), a composição "O bem e o mal", parceria póstuma com Torquato Neto. O grupo Nouvelle Cuisine regravou "Pra dizer adeus" no CD *Free bossa*.

Ainda no ano 2000, foi editada a dissertação de mestrado *A ruptura do escorpião – ensaio sobre Torquato Neto e o mito da marginalidade*, de André Monteiro, defendida na PUC-Rio e editada pela editora Cone Sul. Também foi editada a dissertação de mestrado *Um poeta na medida do impossível*, de Laura Beatriz Fonseca Almeida, defendida na Unesp, Araraquara. No ano seguinte, em 2001, seu poema "Cogito" foi incluído na antologia *Os cem melhores poemas brasileiros do século*, organizada por Ítalo Moriconi, lançada pela editora Objetiva. Em 2002, foi lançada a tese de doutorado *Torquato Neto – uma poética de estilhaços*, de Paulo Andrade, defendida na graduação dos Estudos Literários da Unesp, de Araraquara. Pela passagem dos trinta anos do falecimento do poeta, a Câmara Municipal de São Paulo lhe prestou homenagem em sessão solene. O evento contou com a presença de Carlos Rennó, Waly Salomão e Rogério Duarte, além do cantor Jorge Mello, que interpretou algumas das composições do homenageado.

Em 2001 o grupo Titãs regravou a composição "O homem que deve morrer" (Nonato Buzar e Torquato Neto) e gravou "Daqui pra lá" (música de Sérgio Britto sobre poema de Torquato) no disco *A melhor banda de todos os tempos da última semana*. O cantor Freddy Cole (irmão de Nat King Cole) regravou "Pra dizer adeus", vertida para o inglês pela cantora Lany Hall sob o título "To say goodbye".

No ano seguinte, em 2002, o filme *O terror da Vermelha* foi exibido, publicamente, pela primeira vez, dentro da mostra *Marginália 70 – o experimentalismo no super-8 brasileiro*, que integrou o Projeto Anos 70, do Itaú Cultural. No show *A melhor banda de todos os tempos da última semana*, no Canecão, no Rio de Janeiro, a banda de rock Titãs incluiu "Pra dizer adeus".

Ronaldo Bastos e Leonel Pereda organizaram a coletânea *Todo dia é dia D*, na qual foram incluídas composições da fase tropicalista do poeta: "Pra dizer adeus" e "Lua nova", ambas em parceria com Edu Lobo (retiradas do disco *Edu & Bethânia*) e "Veleiro" (com Edu Lobo), interpretada por Elis Regina. Ainda desse disco-coletânea fizeram parte "Geleia geral" (com Gilberto Gil), gravada em 1973 pelo parceiro, "Mamãe, coragem" (com Caetano Veloso), interpretada por Nara Leão, e a faixa-título "Todo dia é dia D", parceria com Carlos Pinto, gravada por Gilberto Gil, de 1973. Também foi incluída nesse CD a música "Começar pelo recomeço", parceria póstuma com Luiz Melodia, e ainda "Três da madrugada" (com Carlos Pinto), interpretada por Gal Costa. O disco foi lançado pela gravadora Dubas Música, em julho de 2002. Nesse mesmo ano, foi lançado o livro *Velhas histórias, memórias futuras* (editora UERJ), de Eduardo Granja Coutinho, no qual o autor faz várias referências ao poeta. Ainda em 2002, o paulista Moisés Santana, pela Lua Discos, interpretou "Marginália II" (com Gilberto Gil).

No ano de 2003, Zeca Baleiro e Fagner musicaram a letra inédita "Daqui pra cá, de lá pra cá", cedida por Ana Araújo, viúva do poeta. A composição foi incluída no disco *Raimundo Fagner e Zeca Baleiro*, no qual também foi regravada a composição "O homem que deve morrer" (Nonato Buzar e Torquato Neto). Renato Piau incluiu "Andarandei", parceria de ambos, no disco *Blues do Piauí*.

Em 2004, Geraldo Azevedo gravou "O nome do mistério", uma parceria inédita com Torquato Neto, no disco *O Brasil existe em mim*.

Em 2005, foi lançado o disco *Torquato Neto – Só quero saber do que pode dar certo – 60 anos*, do qual participaram vários artistas, entre os quais Cláudia Simone em "Poema do aviso final" (com Gomes Brasil, James Brito e Mike Soares); Fifi Bezerra em "Literato cantabile" (com Feliciano Bezerra); e Geraldo Brito em "Go back II" (com Geraldo Brito).

Em 2005, a editora Rocco lançou *Torquatália – do lado de dentro*, versão ampliada (dois volumes) de *Os últimos dias de Paupéria*, na qual adicionou textos inéditos do poeta, inclusive, poema dedicado ao amigo, também poeta e letrista, Ronaldo Bastos. O livro *Torquatália – do lado de dentro* era uma coletânea organizada pelo jornalista, editor, crítico musical e de literatura Paulo Roberto Pires e traz dois tomos: *Do lado de dentro* e *Geleia geral*, este último incluindo a produção jornalística no *Jornal dos Sports*, a coluna "Música Popular" do ano de 1967, pelo *Correio da Manhã*, a coluna "Plug", do ano de 1971 e com a sua mais famosa coluna "Geleia Geral", entre agosto de 1971 e março de 1972, no jornal *Última Hora*.

Em sua homenagem a Prefeitura da cidade de Teresina criou a Sala Torquato Neto, para shows e eventos.

Em 2006, foi montada a peça *Artorquato*, sobre a vida e a obra do artista. A peça, com direção do psicanalista Antônio Quinet, foi encenada por Gilberto Gawronski, Cristina Aché e Ronaldo Bottino.

Em 2007, foi lançado, pela Halley Gráfica Editora e Fundação Quixote, o livro *Torquato – cancioneiro torquateano – a palavra cantada – 1965/1972*, no qual também foi encartado um CD, no formato de áudio em mp3, com setenta gravações de suas composições por diversos intérpretes, entre os quais Gilberto Gil, Mirian Eduardo, Cláudia Simone, Maria Bethânia, Daniela Mercury, Ana Miranda, Gal Costa, Beti Moreno, Fátima Lima, Elis Regina, Jair Rodrigues, Francis Hime, Nana Caymmi, Caetano Veloso, Coral do Sebrae, Belô Veloso, Laurence França, Edna Lago, Nara Leão, Edu Lobo, Leila Pinheiro, Leo Gandelman, Rubeni Miranda, Jards Macalé, Joyce, Nouvelle Cuisine, Titãs, Edvaldo Nascimento, Só Pra Contrariar, Luiz Melodia, Ângela, Paulo Sérgio Valle, Sérgio Britto, Zeca Baleiro, Raimundo Fagner, Renato Piau, Feliciano Bezerra, Geraldo Brito, Rubens Lima, Machado Jr., Lena Rios e Silizinho. No livro também foram incluídas parcerias inéditas do poeta com Caetano Veloso, Gilberto Gil, João Bosco e Chico Enói, Carlos Galvão, Toquinho e Luiz Melodia. O livro foi lançado oficialmente no 5º Salão do Livro do Piauí (Salapi) no Ano Torquato Neto 2007, instituído pela Secretaria de Cultura do Estado do Piauí.

Em 2010, sob o título *Torquato Neto: baú do Torquato*, foi lançado o vídeo sobre a obra do poeta, com imagens captadas por Talyta Magno.

Em 2013, o jornalista curitibano Toninho Vaz lançou *A biografia de Torquato Neto*, pela editora Nossa Cultura, a qual contou com diversos depoimentos de artistas e familiares através das 408 páginas repletas de fotos do poeta. Sua composição "Pra dizer adeus" foi regravada por Edu Lobo e Maria Bethânia, sendo incluída no CD *Edu Lobo 70 anos*, lançado pela gravadora Biscoito Fino.

No ano de 2014, nas comemorações dos 70 anos do poeta, foram feitos vários shows, lançamentos de livros, exposições e palestras sobre o poeta, destacando-se a temporada do show da cantora piauiense Patricia Mellodi, no Teatro Cândido Mendes, no Rio de Janeiro, com direção de

Márcio Trigo, no qual também foi apresentada uma exposição multimídia sobre a obra e a vida do homenageado (com fotos, poesias e textos, sob orientação de George Mendes, primo e curador do poeta). Ainda em 2014, o radialista gaúcho Vanderlei Malta da Cunha encontrou no seu acervo entrevistas raras feitas nos bastidores do IV Festival da Música Brasileira da TV Record, em novembro de 1968, nas quais entrevistou Tom Zé, Caetano Veloso e Rogério Duprat, além de Torquato Neto, em registro, considerado o único da voz do poeta, no qual, entre vários assuntos, o poeta falou sobre a questão da poesia na letra de música e a importância de poetas da música na literatura oral brasileira. Ainda em 2014, a cantora e compositora Joyce musicou o poema sem título "O poeta nasce feito", que Torquato Neto havia feito em Paris para Ronaldo Bastos. Em vida o poeta havia mencionado, em um texto, o desejo de uma parceria de ambos, por sua admiração pela compositora. Também em 2014, foi apresentado no Sesc Ginástico, no Centro do Rio de Janeiro, o evento *Torquato Neto – eu sou como eu sou*, com roda de conversa envolvendo Ana de Oliveira, Toninho Vaz e Eduardo Ades, tendo como mediadora Marina Filgueira e show de encerramento com Jards Macalé, com participação especial da cantora Ava Rocha. Foi finalizado o documentário *Anjo torto*, dos diretores Marcus Fernando e Eduardo Ades, com apoio do Canal Brasil.

Em 2015 Chico César lançou o CD *Estado de poesia*, no qual incluiu uma parceria póstuma com o poeta, "Quero viver" (Chico César e Torquato Neto).

Fonte: *Dicionário Cravo Albin da Música Popular Brasileira*
(dicionariompb.com.br/torquato-neto)

# ÍNDICE

Poesia e vida da cabeça pensante da Tropicália..........7

POEMAS..........17
Explicação do fato..........19
Pessoal intransferível..........23
Quando o santo guerreiro entrega as pontas..........24
Sugesta..........26
Hoje tem espetáculo..........27
Colagem..........30
Make love, not beds ou é isso mesmo..........31
Cantiga piauiense para Lena Rios..........32
Um dia desses eu me caso com você..........34
Tome nota..........36
Do lado de dentro..........37
Consolação..........38
O bem, o mal..........39
Cogito..........40
Lua nova..........41
Balada da criança no bar..........42
A dúvida..........44
O velho..........45

| | |
|---|---|
| A mesa | 47 |
| Poema de Natal | 48 |
| Soneto da contradição enorme | 58 |
| Dia | 59 |
| Poema | 60 |
| Sábado qualquer | 61 |
| Poema essencialmente noturno | 63 |
| Poema silencioso dentro da noite | 64 |
| Posição de ficar | 67 |
| Apresentação da coisa | 68 |
| O fato | 70 |
| Poema desesperado | 71 |
| Momento | 72 |
| Poema estático para... | 73 |
| A crise | 74 |
| Êxodos | 76 |
| Poema conformista | 78 |
| A mão e a luva | 79 |
| Os mortos | 80 |
| Daqui pra lá de lá pra cá | 81 |
| Andar, andei | 83 |
| Go back | 85 |
| Todo dia é dia D | 86 |
| Quanto mais eu rezo | 87 |

Pindorama Palace ................................................................. 88
Começar pelo recomeço ..................................................... 89
Chapada do Corisco ........................................................... 90
Sem essa, aranha ................................................................. 91
Let's play that (1972) ........................................................... 92
Dente no dente ................................................................... 93
Destino ................................................................................ 94
Jardim da noite .................................................................... 95
Que tal ................................................................................. 96
Três da madrugada .............................................................. 97
O homem que deve morrer ................................................ 98
Que película ........................................................................ 99
Literato cantabile ............................................................... 100
Coro misto fotogênico ....................................................... 104
O nome do mistério .......................................................... 105
Arco artefato ..................................................................... 106
torusatotonertlo. 71 1 mnbAS. ......................................... 108
Poema do aviso final ......................................................... 110
Geleia geral ........................................................................ 111
Mamãe, coragem ............................................................... 113
Coisa mais linda que existe ............................................... 115
Deus vos salve a casa santa ............................................... 116
Ai de mim, Copacabana .................................................... 117
Arena A: Festivaia-GB ....................................................... 119

Marginália II .................................................................................123

Domingou ....................................................................................125

Estou sereno, estou tranquilo ..................................................127

Zabelê ...........................................................................................128

Minha senhora.............................................................................129

Vento de maio ............................................................................130

Vem, menina ............................................................................... 131

Rancho da Boa-Vinda................................................................132

Veleiro...........................................................................................133

Pra dizer adeus ..........................................................................134

Nenhuma dor ..............................................................................135

A rua.............................................................................................136

Meu choro por você..................................................................138

Louvação .....................................................................................139

Improviso de querer bem ........................................................ 141

Canto negro para ser esquecido.............................................143

Via Crucis ....................................................................................144

Canto fúnebre à etapa primeira ..............................................145

Poema da quarta-feira de cinzas ............................................147

Elegia à coisa alucinante .......................................................... 151

Um cidadão comum ..................................................................153

Panorama visto da ponte .........................................................154

A chave do cofre .......................................................................155

Fixação do momento.................................................................156

Insônia .................................................................................................. 157

Bilhetinho sem maiores consequências ................................................ 158

Notícia ................................................................................................ 159

Poeminha só de brincadeira ................................................................ 160

À parte ................................................................................................ 162

Tema ................................................................................................... 163

## POEMAS SEM TÍTULO .................................................................. 165

[a santa morta] .................................................................................... 167

[peço com olhos.] ............................................................................... 168

[Neste momento em que devem existir centenas de outros bares] ........ 170

[poema] .............................................................................................. 171

[o poeta nasce feito] ........................................................................... 173

[rio - ::: - +] ........................................................................................ 174

[o avião supersônico] ......................................................................... 175

Cronologia biográfica ......................................................................... 176

"Torquato pertence a uma linha de poetas que alcançaram grande fluidez entre a poesia escrita e a poesia cantada. Em sua obra única, a poesia e a canção se correspondem sem serem separadas por uma fronteira de níveis de densidade. Vinicius anunciou primeiro esse trânsito entre a poesia e a canção, mas nele ainda está marcada a distinção entre as duas. Torquato avança por esse campo aberto, por onde circularão depois poetas como Leminski e Cacaso."

*(José Miguel Wisnik)*

"Torquato foi um lorde da corte dos vampiros que passou da minha Transilvânia Folides. Poeta genial, que programou até a própria morte. Era do signo dos que não temem a morte, escorpião. Quanto aos próprios curtas dele em super-8, eram mais ensaio do que propriamente filmes. Era um grande intelectual. O cinema é um trabalho mais grosso. A grande obra que ele nos legou, no cinema, foi sua magistral atuação no meu *Nosferatu no Brasil*, que fixou sua imagem como vampiro."

*(Ivan Cardoso)*

"Convém, portanto, acertar o foco. Embora suicida, Torquato não era Maiakóvski ou Hart Crane. Era uma inteligência de seu tempo, ou melhor, uma das inteligências que fizeram seu aquele tempo. Nem por isso limitam-se ao documental os seus escritos. Não pelo menos ao tipo de documento confinado à interpretação dos arquivistas. Documentam, para quem souber ouvi-los, uma série perdida de possibilidades. Entre outras, a de tornar a MPB audível ao ouvido do intelecto."

*(Nelson Ascher)*

"Um poeta da palavra escrita que se converteu à palavra falada, não só à palavra falada idioletal brasileira, mas à palavra falada internacional. A palavra falada do português do Brasil – e não o brasileirês, fosse piauiense, baiano, carioca ou paulista. Não era de folclorizar a língua. Nisso seguia João Gilberto mais de perto do que os seus companheiros baianos. Era mais de ideologia do que de magia."

*(Décio Pignatari)*

"O caso de Torquato Neto foi o de Jimi Hendrix, Jim Morrison – portas, eles estavam procurando um alicerce sério para uma espiritualidade despida dos falsos moralismos como o delírio de empreiteira; havia no encaminhamento desses visionários uma exigência interior que não tem nada a ver com os melodramas xaroposos impudicos erguidos por cima dos seus suicídios rituais."

*(Gilbert Chaudanne)*

"Embora não tocasse nenhum instrumento, Torquato tinha muita sensibilidade musical. Quando escrevia uma letra já vislumbrava o acento emocional que uma determinada melodia ia dar. Era um esteta."

*(Gilberto Gil)*


"Torquato sabia fazer versos/letras que funcionavam até mesmo sem melodia. É só observar como as letras de suas músicas são recitadas em saraus poéticos por onde se anda. E funcionam bem quando faladas. Ao mesmo tempo, o poeta compunha versos puros e tão perfeitos que, sobre eles, a música não cabe, sobra."

*(Paulo José Cunha)*


"De todos os tropicalistas, Torquato era o menos conhecido. Sua importância para o movimento está numa razão inversa à sua popularidade, pois ele foi um tropicalista de primeira hora, junto com Caetano e Gil. Muito desse anonimato, entretanto, se deve a ele mesmo, que, como bem disse Augusto de Campos, 'deu as costas ao sol'."

*(Toninho Vaz)*


"Há muitos anos pesquiso Torquato Neto. Se for olhar, isso bate mais de trinta anos. Começou do poema 'Cogito', que, para mim, foi um choque muito grande. Um poema diferente. Fui conhecer melhor o autor e, à medida que ia vendo as coisas dele, mais eu ficava impressionado pela pouca idade e pela grande quantidade de produção – letra, poema, cinema, teatro, artes gráficas, jornalismo etc., sem nunca perder a qualidade. Fui juntando o que ia garimpando até que chegou o momento de reunir todo esse material em livro, já na terceira edição, com tiragem de 10 mil exemplares. As duas primeiras tiveram tiragem de 5 mil exemplares cada. Todos os dias vendo livro do Torquato Neto, principalmente pela internet, para o mundo todo. Estados Unidos, Holanda, Espanha, China e Japão são os maiores compradores mundiais. Rio de Janeiro, Paraná, Minas Gerais e São Paulo os maiores compradores nacionais. É impressionante saber que os pedidos são, na maioria, de pessoas entre 15 e 30 anos. Ou seja, Torquato Neto é o nosso Peter Pan. Também, antecipou a linguagem telegráfica, fragmentada da internet. Torquato Neto, quanto mais explorado, mais mina de ouro a céu aberto."

*(Kenard Kruel)*

# COLEÇÃO MELHORES POEMAS

AFFONSO ROMANO DE SANT'ANNA
Seleção e prefácio de Miguel Sanches Neto

ALBERTO DA COSTA E SILVA
Seleção e prefácio de André Seffrin

ALBERTO DE OLIVEIRA
Seleção e prefácio de Sânzio de Azevedo

ALMEIDA GARRETT
Seleção e prefácio de Izabel Leal

ALPHONSUS DE GUIMARAENS
Seleção e prefácio de Alphonsus de Guimaraens Filho

ALPHONSUS DE GUIMARAENS FILHO
Seleção e prefácio de Afonso Henriques Neto

ALVARENGA PEIXOTO
Seleção e prefácio de Antonio Arnoni Prado

ÁLVARES DE AZEVEDO
Seleção e prefácio de Antonio Candido

ÁLVARO ALVES DE FARIA
Seleção e prefácio de Carlos Felipe Moisés

ANTERO DE QUENTAL
Seleção e prefácio de Benjamin Abdalla Junior

ARMANDO FREITAS FILHO
Seleção e prefácio de Heloisa Buarque de Hollanda

ARNALDO ANTUNES
Seleção e prefácio de Noemi Jaffe

AUGUSTO DOS ANJOS
Seleção e prefácio de José Paulo Paes

AUGUSTO FREDERICO SCHMIDT
Seleção e prefácio de Ivan Marques

**Augusto Meyer**
Seleção e prefácio de Tania Franco Carvalhal

**Bocage**
Seleção e prefácio de Cleonice Berardinelli

**Bueno de Rivera**
Seleção e prefácio de Affonso Romano de Sant'Anna

**Carlos Nejar**
Seleção e prefácio de Léo Gilson Ribeiro

**Carlos Pena Filho**
Seleção e prefácio de Edilberto Coutinho

**Casimiro de Abreu**
Seleção e prefácio de Rubem Braga

**Cassiano Ricardo**
Seleção e prefácio de Luiza Franco Moreira

**Castro Alves**
Seleção e prefácio de Lêdo Ivo

**Cecília Meireles**
Seleção e prefácio de André Seffrin

**Cesário Verde**
Seleção e prefácio de Leyla Perrone-Moisés

**Cláudio Manuel da Costa**
Seleção e prefácio de Francisco Iglésias

**Cora Coralina**
Seleção e prefácio de Darcy França Denófrio

**Cruz e Sousa**
Seleção e prefácio de Flávio Aguiar

**Dante Milano**
Seleção e prefácio de Ivan Junqueira

**Fagundes Varela**
Seleção e prefácio de Antonio Carlos Secchin

FERNANDO PESSOA
Seleção e prefácio de Teresa Rita Lopes

FERREIRA GULLAR
Seleção e prefácio de Alfredo Bosi

FLORBELA ESPANCA
Seleção e prefácio de Zina Bellodi

GILBERTO MENDONÇA TELES
Seleção e prefácio de Luiz Busatto

GONÇALVES DIAS
Seleção e prefácio de José Carlos Garbuglio

GREGÓRIO DE MATOS
Seleção e prefácio de Darcy Damasceno

GUILHERME DE ALMEIDA
Seleção e prefácio de Carlos Vogt

HAROLDO DE CAMPOS
Seleção e prefácio de Inês Oseki-Dépré

HENRIQUETA LISBOA
Seleção e prefácio de Fábio Lucas

IVAN JUNQUEIRA
Seleção e prefácio de Ricardo Thomé

JOÃO CABRAL DE MELO NETO
Seleção e prefácio de Antonio Carlos Secchin

JORGE DE LIMA
Seleção e prefácio de Gilberto Mendonça Teles

JOSÉ PAULO PAES
Seleção e prefácio de Davi Arrigucci Jr.

LUÍS DE CAMÕES
Seleção e prefácio de Leodegário A. de Azevedo Filho

LÊDO IVO
Seleção e prefácio de Sergio Alves Peixoto

LINDOLF BELL
Seleção e prefácio de Péricles Prade

LUÍS DELFINO
Seleção e prefácio de Lauro Junkes

LUIZ DE MIRANDA
Seleção e prefácio de Regina Zilbermann

MACHADO DE ASSIS
Seleção e prefácio de Alexei Bueno

MANUEL BANDEIRA
Seleção e prefácio de Francisco de Assis Barbosa

MÁRIO DE ANDRADE
Seleção e prefácio de Gilda de Mello e Souza

MÁRIO DE SÁ-CARNEIRO
Seleção e prefácio de Lucila Nogueira

MÁRIO FAUSTINO
Seleção e prefácio de Benedito Nunes

MARIO QUINTANA
Seleção e prefácio de Fausto Cunha

MENOTTI DEL PICCHIA
Seleção e prefácio de Rubens Eduardo Ferreira Frias

MURILO MENDES
Seleção e prefácio de Luciana Stegagno Picchio

NAURO MACHADO
Seleção e prefácio de Hildeberto Barbosa Filho

OLAVO BILAC
Seleção e prefácio de Marisa Lajolo

PATATIVA DO ASSARÉ
Seleção e prefácio de Cláudio Portella

PAULO LEMINSKI
Seleção e prefácio de Fred Góes e Álvaro Marins

Paulo Mendes Campos
Seleção e prefácio de Humberto Werneck

Raimundo Correia
Seleção e prefácio de Telenia Hill

Raul de Leoni
Seleção e prefácio de Pedro Lyra

Ribeiro Couto
Seleção e prefácio de José Almino

Ruy Espinheira Filho
Seleção e prefácio de Sérgio Martagão

Sosígenes Costa
Seleção e prefácio de Aleilton Fonseca

Sousândrade
Seleção e prefácio de Adriano Espínola

Thiago de Mello
Seleção e prefácio de Marcos Frederico Krüger

Tomás Antônio Gonzaga
Seleção e prefácio de Alexandre Eulalio

Torquato Neto
Seleção e prefácio de Cláudio Portella

Vicente de Carvalho
Seleção e prefácio de Cláudio Murilo Leal

Walmir Ayala
Seleção e prefácio de Marco Lucchesi

Impresso por :

gráfica e editora

Tel.:11 2769-9056